BEIJING ARBITRATION QUARTERLY

北京仲裁

BIAC 北京仲裁委员会 Beijing Arbitration Commission 北京国际仲裁中心 Beijing International Arbitration Center

第 120 辑（2022年第2辑） Vol. 120（2022, No. 2）

主　办：北京仲裁委员会／北京国际仲裁中心

协　办：中国国际私法学会

武汉大学国际法研究所

中国法制出版社

CHINA LEGAL PUBLISHING HOUSE

目录

特　　载

专　　论

Contents

Special Report

Monograph

中国国际投资仲裁年度观察（2022）

池漫郊[*]　任　清[**]

一、概述

投资仲裁是指解决东道国与在其境内的外国投资者之间有关投资纠纷的仲裁，也是解决投资者与东道国之间投资争端的主要方式。中国在国际投资治理中承担起大国责任的同时也获得了丰富的实践经验，因此中国在国际投资协定的缔结和谈判方面均取得重要进展，国内立法也日趋完善。此外，外国投资者针对中国政府提起及中国投资者针对外国政府提起的投资仲裁案件不断增多，这使国际社会对投资仲裁更加关注。在此情况之下，对中国在2021年于国际投资治理方面的缔约实践和争端解决实践进行梳理和总结是十分重要的。

第二部分回顾了2021年中国所缔结投资协定的实践，其中包含双边投资协定、自由贸易协定、投资便利化协定以及与数字经济等相关的协定或备忘录。其中主要介绍了《中欧全面投资协定》公布市场准入清单、中国申请加入《全面与进步跨太平洋伙伴关系协定》与《数字经济伙伴关系协定》《区域

*　池漫郊，对外经济贸易大学法学院教授、博士生导师。

**　任清，环球律师事务所合伙人。

环球律师事务所的徐征律师、霍凝馨律师、程爽律师和实习生贾晔，以及对外经济贸易大学法学院的博士研究生贺小桐，硕士研究生梁里奥、潘雨晏、尹致远、张云檠为本文写作提供了帮助，作者在此表示感谢。

全面经济伙伴关系协定》的生效，以及《投资便利化协定》谈判取得进展的情况等，其中重点聚焦于与投资议题相关的规定上。

第三部分梳理、分析了截至2022年3月31日中国政府作为被申请人的8起案件以及中国投资者作为申请人提起的19起投资争端案件的概况和特点，[①]并特别介绍了于2021年新增或有明显进展的11起案件的情况。其中，宏大通商诉中国案因申请人未按规定缴纳预付款项而终止，而中山市富诚工业投资有限公司（以下简称中山富诚）在中山富诚诉尼日利亚案中获得胜诉，该案成为中国内地投资者获得实体胜诉的第一起投资仲裁案件。

第四部分对2021年中国在外商投资领域的重要立法活动进行总结，重点介绍了《反外国制裁法》《仲裁法（修订）（征求意见稿）》《企业利用投资协定参考指南》《对外投资合作绿色发展工作指引》的主要内容和意义。值得一提的是，本章节将自贸区相关立法活动进行单独总结，其中主要介绍了《海南自由贸易港法》的生效，并且分析其对于投资和争端解决等方面的重要意义。

第五部分对中国国内与投资争端有关的争端解决情况进行介绍，主要内容包括外商投资企业或其投资者提起行政诉讼和申请行政复议的案件情况，以及与外商投诉协调机制相关的法律规定和运行情况。对于上述的情况和数据进行分析，有利于我们更好地了解外资纠纷的类型和产生原因，从而可以在源头化解潜在的国际投资争端。

第六部分介绍了投资者与东道国争端解决（ISDS）机制改革的进展情况，包括联合国国际贸易法委员会（贸法会/UNCITRAL）主持的ISDS改革讨论，及《国际投资争端解决中心（ICSID）规则》修订的第五版、第六版工作文件。重点梳理了贸法会在2021年讨论的主要议题及中国在其立场文件中相应的观点，以及中国对ICSID第五版工作文件的评论和建议。

第七部分梳理了2021年度中国仲裁机构、仲裁员和律师参与投资仲裁的情况。总的来说，2021年以来，中国更积极且深入地参与到国际投资仲裁中。

二、中国缔结投资协定的最新实践

国际投资仲裁的主要依据是投资协定，包括双边投资协定、自由贸易协

---

① 其中，吴振顺诉中国案投资者先后提起两次仲裁，其在ICSID注册的机构仲裁已程序终止；其在PCA立案的临时仲裁仍在进行。

定（以下简称自贸协定）等。依据联合国贸易与发展会议（UNCTAD）的统计，截至2022年3月31日，我国共签署了145个双边投资协定，其中19个协定已经签署但未生效，另有19个协定则已终止，目前有效的协定为107个；我国还签署了24个包含投资章节规定的各类贸易协定，且已经全部生效。①2021年，我国在对外经贸合作方面取得一系列积极进展，其中不乏投资协定方面的新成果。

（一）双边投资协定

2021年中国（含香港特别行政区）对外有多项双边投资协定谈判取得积极进展，同时也有多项投资协定最终正式生效。

1.《中国—白俄罗斯服务贸易与投资协定》谈判启动②

2021年4月7日，《中国—白俄罗斯服务贸易与投资协定》第一轮谈判通过视频会议方式举行。双方就《谈判职责文件》达成共识，围绕服务贸易、投资、知识产权等领域规则深入交换了意见，并拟定了下一步工作计划。

2021年7月22日，《中国—白俄罗斯服务贸易与投资协定》第二轮谈判通过视频会议方式举行，双方就服务贸易和投资章节深入交换意见，并拟定了下一步工作计划。

2021年12月16日至17日，《中国—白俄罗斯服务贸易与投资协定》第三轮谈判通过视频会议方式举行。双方就投资、电子商务和知识产权等共9个章节深入交换意见，会议继续商定并解决基础问题，并就协议草案当中的敏感因素提出双方立场。

该协定的谈判旨在完善服务贸易和投资等领域的双边经贸规则，为进一步扩大两国贸易投资合作创造良好环境。由于谈判正在进行中，协定内容仍在商讨，商务部尚未公布有关工作成果，相关投资保护条款内容以及是否规定投资者与东道国争端解决（ISDS）条款仍不明确。

---

① 请参见UNCTAD：https://investmentpolicy.unctad.org/international-investment-agreements。关于24个包含投资章节规定的各类贸易协定，该官网的信息尚未更新完全，经笔者核实，该24个包含投资章节规定的各类贸易协定已经全部生效。

②《中国—白俄罗斯服务贸易与投资协定》谈判的公告请见：
http://www.mofcom.gov.cn/article/xwfb/xwrcxw/202104/20210403050832.shtml，
http://www.mofcom.gov.cn/article/xwfb/xwrcxw/202107/20210703179837.shtml，
http://www.mofcom.gov.cn/article/xwfb/xwrcxw/202112/20211203230039.shtml。

2.《中国香港—东盟投资协定》全面生效[①]

中国香港于2017年与东南亚国家联盟（以下简称东盟）缔结《中国香港—东盟自贸协定》和《中国香港—东盟投资协定》，两份协定自2019年6月起陆续生效。两份协定涵盖范围全面，包括货物贸易、服务贸易、投资、经济和技术合作、争端解决机制及其他相关范畴，除了为香港企业提供法律保障和更佳的市场准入条件，亦有助于降低营商门槛、扩大商机，为香港的经济发展创造更有利的环境。

《中国香港—东盟自贸协定》和《中国香港—东盟投资协定》中涉及柬埔寨的部分于2021年2月12日生效，标志着中国香港与十个东盟成员国签署的两份协定全面生效。

《中国香港—东盟投资协定》为香港和东盟成员国投资者的投资提供保障，包括在非服务行业的投资方面，给予非歧视性待遇，以及为所有投资提供保护。具言之，该协定要求各方给予投资公正和公平的待遇；给予投资实体保护和保障；在投资被征收时按商定的标准进行补偿，并以国际货币基金组织定义的可自由使用货币支付；在战争、武装冲突、内乱或类似事件引致投资损失或损害时给予非歧视性补偿待遇；容许投资和收益自由转移。

该协定未包含ISDS条款，但该协定规定中国香港与东盟同意根据工作计划，就包括投资者与投资者所在一方的投资争端在内的数项议题继续讨论。第22条（工作计划）要求当事方应在本协定根据第26条规定的生效之日起一年内完成有关第20条ISDS机制、附件一及其修改程序、第10条对构成征用的税收措施的适用、"一缔约方的自然人"定义等的谈判。目前，中国香港与东盟仍未完成有关谈判或公开谈判信息。

3.《中国香港—墨西哥投资协定》生效[②]

2021年6月16日，《中国香港—墨西哥投资协定》生效。该协定共包括4章，即一般条款、投资待遇及保护、争端解决和最终条款。

该协定规定，投资争端可根据国际认可的规则解决。第3章分为2节，第

---

① 《中国香港—东盟投资协定》全面生效的公告请见：https://www.tid.gov.hk/tc_chi/aboutus/presspeech/press/2021/20210108.html。

② 《中国香港—墨西哥投资协定》生效的公告请见：https://www.info.gov.hk/gia/general/202106/06/P2021060400612.htm。

1 节解决缔约一方与缔约另一方投资者之间的争端（ISDS），第 2 节解决缔约双方之间的争端。总体而言，前者的规定较后者的要更加细致，后者仅包括适用范围、强制前置磋商程序、仲裁庭的组成、程序、裁决、准据法、费用等 7 个条款，而前者除了此类一般条款，还进一步规定了提请仲裁的权利限制、仲裁庭的合并、仲裁地点的选择、赔偿事宜、裁决的效力及执行、程序的透明度、临时保护措施的采取等问题。

关于 ISDS 机制，该协定规定，磋商应作为仲裁的前置程序，但并不强制。投资者因缔约方违反协定第 2 章义务而遭受损失或损害，可依照《联合国国际贸易法委员会仲裁规则》（以下简称贸法会规则）或争端双方当事人同意的其他仲裁规则将诉请提交争端。另外，该协定规定了诉权失效条款，即如自争端投资者首次知悉或本应首次知悉依据第 16 条（提交诉请）指称的违反及争端投资者（或有关企业）因此而遭受损失或损害当日起计已超过三年或少于六个月，则不得依据第 3 章（争端解决）第 1 节将诉请提交仲裁，且此要求无法通过最惠国待遇绕开，因为该协定的最惠国待遇条款明确排除向缔约另一方的投资者提供协定第 3 章以外的争端解决程序。

4.《中欧全面投资协定》市场准入清单公布[①]

中国与欧盟于 2020 年 12 月 30 日原则上达成《中欧全面投资协定》文本。2021 年 3 月 12 日，欧盟委员会公布了《中欧全面投资协定》市场准入清单。《中欧全面投资协定》提供了一个明确的、可执行的规则框架，将使欧盟企业在中国进行投资时获得更大的市场准入和确定性。《中欧全面投资协定》项下的市场准入承诺不仅可在国家间争端解决机制下实施，而且执行情况受监督机制的约束。

承诺清单由多个复杂的附件组成。双方同意在《中欧全面投资协定》中采用所谓负面清单加正面清单的“混合方式”来制定承诺清单。附件一和附件二采用负面清单方式，相关承诺涉及国民待遇、最惠国待遇、禁止业绩要求，以及高管和董事会非歧视要求。这些承诺适用于所有部门，除非明确排除或提出保留。任何保留都必须基于现有的（不符）措施且需要明确指出。这意味着，未列入的部门将根据相关义务承诺完全开放。在附件二中，双方列出

① 欧盟委员会公布《中欧全面投资协定》市场准入清单的公告请见：http://tradeinservices.mofcom.gov.cn/article/news/gjxw/202108/118757.html。

了可以保留减损这些承诺权利的部门，其中包括目前不存在不符合规定措施的情况（这会产生所谓的“政策空间”）。附件三采用正面清单方式，规定了影响市场准入数量限制的有关承诺，包括所谓的“经济需求测试”或有限数量的许可证等。这意味着，双方对列明的相关部门作出承诺（不施加数量限制）。附件四主要规定了适用于公司内部调动人员和商务访客入境及临时逗留的额外保留和限制。所有的保留都在协定规定的相关例外基础上作出，包括基于视听及航空运输（交通权方面）等规定的例外。①

双方同意就投资保护问题进行单独谈判并在协定签署后的两年内完成该项谈判。值得注意的是，目前欧盟公布的协定文本主要涉及投资自由化，并没有关于投资保护和ISDS的内容，但是双方同意在协定签署后的两年内完成关于投资保护和投资争端解决的谈判。欧盟在ISDS改革中主张建立两级审裁的多边投资法院体系，而中国在向联合国国际贸易法委员会第三工作组提交的立场文件中表明支持建立常设上诉机制。由此可见，双方对ISDS机制的改革方向存在共识，即都主张结构性改革，建立常设上诉机制，但是仍存在一定分歧。未来双方将如何协调彼此不同的ISDS改革立场，在《中欧全面投资协定》中纳入怎样的ISDS机制值得关注。

（二）自由贸易协定

2021年，中国签署了多项区域或双边自贸协定，同时继续推进多项自贸协定的谈判，投资章节是这些协定的重要组成部分。

1. 中国申请加入《全面与进步跨太平洋伙伴关系协定》②

2021年9月16日，中国商务部部长王文涛向《全面与进步跨太平洋伙伴关系协定》（CPTPP）保存方新西兰贸易与出口增长部长奥康纳提交了中国正式申请加入CPTPP的书面信函。两国部长还举行了电话会议，就中国正式申请加入的有关后续工作进行了沟通。中国积极考虑加入CPTPP意味着其将会以更高水平的开放促进国内改革与发展，有利于中国拓展自由贸易区网络的方向，也将促进中国的对外投资继续往更大范围、更宽领域、更深层次的方

① 欧盟委员会公布的市场准入清单文本请见：https://trade.ec.europa.eu/doclib/docs/2021/march/tradoc_159482.pdf。

② 申请加入《全面与进步跨太平洋伙伴关系协定》的公告请见：http://www.mofcom.gov.cn/article/news/202109/20210903199707.shtml。

向推进。

CPTPP 共有 30 个章节，主要包括货物贸易、服务贸易、投资、规则、合作与便利化、一般法律条款。[①] 其中，CPTPP 第 9 章投资章分为 A、B 两节，共 30 条，另有 12 个附件。A 节主要包括定义、适用范围、与其他各章的关系及缔约方在投资方面的权利义务；B 节是有 ISDS 的程序规定；附录主要是对正文所提及概念的补充及不符措施下所列的各方负面清单。

CPTPP 投资规则几乎全盘接收了其前身 TPP 的投资条款，同样纳入了 ISDS 机制，但在范围上有所缩小。CPTPP 投资规则旨在为成员国进行海外投资建立一个稳定、透明、可预见和非歧视的保护框架。该协定在投资领域实施了“准入前的国民待遇和最惠国待遇 + 负面清单”模式，CPTPP 成员应给予来自其他成员的外商投资以国民待遇和最惠国待遇，包括投资的管理、运营、经营、出售及其他处理行为；CPTPP 对投资的界定十分宽泛，同时突出“具有投资特征”这一限制，体现了与投资仲裁实践相一致的特点。

CPTPP 投资章 B 节就 ISDS 进行了详细规定，包括磋商与谈判、提交仲裁请求、缔约方对仲裁的同意及其条件和限制、仲裁员的选任、仲裁的进行、仲裁程序的透明度、准据法、专家报告、合并审理、裁决、文件送达等共 13 个条款。作为仲裁进行的先决程序，ISDS 机制保留了磋商与谈判部分，涵盖斡旋、调解及调停等，但并不当然具有法律强制力。值得注意的是，CPTPP 彻底放弃用尽当地救济要求，将争端解决机制的选择权交给投资者，可以由投资者在东道国国内救济和直接诉诸投资仲裁庭之中做出选择，可以最大程度上减少东道国地方保护主义造成的不公正判决。该节还顺应了 ISDS 改革趋势，一方面强调了仲裁员的专业性、独立性和公正性，将仲裁员本人对于准据法的熟悉程度和专业水平作为选任的重要标准，并对仲裁员的行为设定了严格的标准。另一方面对缔约国提出了很高的透明度义务标准：在非例外的情况下，被申请人应迅速将包括意向通知、仲裁通知、诉状、备忘录和摘要、任何书面陈述、仲裁庭庭审记录或笔录、仲裁庭的命令、裁决和决定在内的各种文件传送非争端缔约方，并使公众可获得；在诉讼时效上，CPTPP 投资章规定为“自申请人首次获知或应首次获知违反行为及遭受损失之日起 3 年

① 《全面与进步跨太平洋伙伴关系协定》文本内容请见：http://gjs.mofcom.gov.cn/article/wj/ftar/202101/20210103030940.shtml。

零6个月”。

2.《区域全面经济伙伴关系协定》生效[①]

2022年1月1日,《区域全面经济伙伴关系协定》(RCEP)正式生效，文莱、柬埔寨、老挝、新加坡、泰国、越南6个东盟成员国和中国、日本、新西兰、澳大利亚4个非东盟成员国开始正式实施协定。

RCEP包括20个章节，涵盖货物贸易、服务贸易、投资等方面。其中，第10章（投资章节）规定了投资保护、投资自由化、投资促进、投资便利化等条款，是对原“东盟10+1自由贸易协定”投资规则的整合和升级。在投资保护方面，RCEP规定了国民待遇、最惠国待遇、公平公正待遇、充分保护和安全待遇、征收等条款；在投资自由化方面，RCEP规定了禁止业绩要求、投资负面清单（适用棘轮机制）、高级管理人员和董事会、转移等条款；在投资促进方面，缔约方应通过多种方式努力促进和提高本地区作为投资地区的认知；在投资便利化方面，主要包含争端预防和外商投诉的协调解决机制等内容；此外，RCEP的投资章节还附有缔约各方不符措施承诺表。

RCEP的投资章节对投资做出全面安排，但目前的协定文本中并未包含ISDS条款。根据RCEP的第10章（投资）第18条（工作计划）的规定，缔约方在不损害其各自立场的前提下，将在协定生效之日后的两年内讨论缔约方与另一缔约方投资者之间投资争端的解决，讨论限期三年，讨论的结果须经全体同意。因此，来自RCEP缔约国的投资者对另一缔约国的争端仍然按照现有的BIT进行投资争端解决。不过，目前RCEP第19章（争端解决）中规定了缔约国之间的争端解决机制。根据RCEP第19章（争端解决）第3条第1款第2项的规定，缔约一方认为另一缔约方的措施与协定项下的义务不相符或者另一缔约方未履行本协定项下的义务的，可以提交第19章争端解决机制解决，因此第10章（投资）项下的投资保护义务也在RCEP争端解决机制的管辖范围中。在目前RCEP的争端解决机制下，若发生投资争端，投资者只能请求母国通过外交保护的方式支持其主张，其母国可根据上述条款向东道国提起主张。由于缺乏ISDS机制，各缔约国的投资者无法选择使用RCEP的争端解决机制解决该协定项下投资章节的纠纷。不过，鉴于RCEP缔

① 《区域全面经济伙伴关系协定》生效的公告请见：http://fta.mofcom.gov.cn/article/rcep/rcepnews/202201/46878_1.html。

约方之间仍然存在诸多包含 ISDS 条款的投资协定，投资者仍可以依据这些投资协定提起仲裁以解决争端。

3.《中国—新加坡自贸协定》启动升级后续谈判①

《中国—新加坡自贸协定升级议定书》于 2019 年 10 月实施。根据该升级议定书规定，双方于 2020 年 12 月宣布启动升级后续谈判，致力于采用负面清单方式开展服务贸易和投资自由化谈判，进一步提升双边贸易投资自由化便利化水平。

2021 年 6 月 17 日至 25 日，中国与新加坡通过视频会议举行自贸协定升级后续谈判第二轮磋商。双方继续围绕跨境服务贸易、投资、电信等领域规则开展深入讨论，取得积极进展。双方同意从第三轮谈判起开展服务贸易和投资负面清单市场准入磋商。

2021 年 12 月 14 日，中国与新加坡通过视频方式举行自贸协定升级后续谈判第三次首席谈判代表会议。双方全面回顾了今年以来举行的三轮谈判，积极评价在文本和市场准入磋商方面已取得的成果，为下一步加快推进谈判提出建议，以期深入推进服务贸易和投资市场准入磋商，争取尽早完成谈判。

目前，商务部尚未就“投资”议题下谈判的具体内容进一步披露。

4.《中国—新西兰自贸协定升级议定书》签署②

2021 年 1 月 26 日，商务部部长王文涛和新西兰贸易与出口增长部长奥康纳分别代表两国政府，通过视频方式正式签署《中华人民共和国政府与新西兰政府关于升级〈中华人民共和国政府与新西兰政府自由贸易协定〉的议定书》(以下简称《中国—新西兰自贸协定升级议定书》)。

《中国—新西兰自贸协定升级议定书》实现了中国与新西兰自贸关系在 RCEP 基础上的进一步提质增效。《中国—新西兰自贸协定升级议定书》对原自贸协定进行了修订，由序言、9 个章节、4 项换文组成，规定了对货物贸易市场的进一步开放与有关规则的优化，以及对服务贸易领域的进一步扩大，包括航空、教育、金融等领域。

① 《中国—新加坡自贸协定》启动升级后续谈判的公告请见：http://fta.mofcom.gov.cn/article/zhengwugk/202106/45279_1.html。

② 《中国—新西兰自贸协定升级议定书》签署的公告请见：http://fta.mofcom.gov.cn/article/zhengwugk/202101/44354_1.html。

在投资领域，新西兰放宽中资审查门槛，确认给予中资与CPTPP成员同等的审查门槛待遇。《中国—新西兰自贸协定升级议定书》第11章就适用的投资范围、保护水平、支付转移、投资争端解决机制等问题进行了规定，其中ISDS机制规定了磋商与谈判程序，并允许投资者将争端提交国际投资争端解决中心（ICSID）进行调解或仲裁，或根据贸法会规则进行仲裁。

5.《中国—毛里求斯自由贸易协定》生效[①]

2019年10月，中国和毛里求斯正式签署《中华人民共和国政府和毛里求斯共和国政府自由贸易协定》（以下简称《中国—毛里求斯自贸协定》），该协定于2021年1月1日正式生效。这是我国与非洲国家签署的第一个自贸协定，其生效将进一步提升两国互利合作水平，促进中非合作，为推动构建更加紧密的中非命运共同体做出贡献。

《中国—毛里求斯自贸协定》总体实现了全面、高水平、互惠。该协定包括序言、17个章节和3个附件，主要包括货物贸易及有关措施、贸易救济、服务贸易、投资、争端解决等条款。

《中国—毛里求斯自贸协定》投资章节对1996年签署的《中国—毛里求斯投资协定》进行了升级，在保护范围、保护水平、争端解决机制等方面均有较大改进。就保护范围而言，《中国—毛里求斯投资协定》仅适用于中方政府指定的主管机关认为符合有关条件并以书面明确批准的所有投资，而《中国—毛里求斯自贸协定》投资章节明显没有此种限制，适用于一方采取或实施的与另一方投资者及涵盖投资有关的措施，保护范围显然有所拓宽；就保护水平而言，该章节除涵盖1996年《中国—毛里求斯投资协定》原有的公平公正待遇、最惠国待遇外，新增了国民待遇、最低待遇标准、全面充分的保护，同时于该章第5条对“公平公正待遇”及“充分保护和安全”等概念进一步澄清；就争端解决机制而言，《中国—毛里求斯投资协定》分别于第13条和第14条对解决因投资引起的争端及因条约解释引起的争端作出规定，但仅包含仲裁提起的条件、仲裁庭的组成、程序、裁决的作出、仲裁的效力等传统规定。该协定投资章节没有区分上述两种争端，仅于第22条规定了该章包含的争端解决机制适用于投资引起的争端。

---

① 《中国—毛里求斯自由贸易协定》生效的公告请见：http://fta.mofcom.gov.cn/article/zhengwugk/202101/44124_1.html。

除了涵盖前述传统规定外，该节争端解决机制添加了强制磋商的前置程序，提起仲裁申请的条件（第24条），各方对仲裁的同意及同意的条件与限制（第25条、第26条），如诉权的丧失，新增了有关法庭之友、专家报告的规定，关于准据法适用的规定，关于不利于被申请人裁决的限制及对于申请人国内救济权利的保留。值得注意的是，考虑到ISDS改革的问题，《中国—毛里求斯自贸协定》投资章节亦设置了相应条款（第28条第8款）为后续上诉机构的设立留下了条款适用的空间。

6.《中国—柬埔寨自由贸易协定》生效①

《中华人民共和国政府和柬埔寨王国政府自由贸易协定》（以下简称《中国—柬埔寨自贸协定》）于2022年1月1日正式生效实施。

《中国—柬埔寨自贸协定》于2020年10月12日正式签署。根据协定安排，双方货物贸易零关税产品税目比例均达到90%以上，服务贸易市场开放承诺也体现了各自给予自贸伙伴的最高水平。同时，双方还同意加强投资合作，并深入开展“一带一路”倡议、电子商务、经济技术等领域的合作。

关于投资，该协定仅于第8章用6个条款进行了粗略的规定，分别涵盖投资促进、投资便利化、投资合作委员等框架性安排。其中，第1条重申了《中国—东盟投资协定》和《中国—柬埔寨投资促进和保护协定》的相关承诺，同意进一步深化投资合作；此外，协定强调投资应该关注对绿色增长发挥的作用，东道国不得以放松环境措施为代价鼓励投资；而第6条排除了因投资问题而诉诸该协定第14条（争端解决）的可能性。

（三）其他协定或文件

1. 中国申请加入《数字经济伙伴关系协定》②

2021年11月1日，中国商务部部长王文涛致信新西兰贸易与出口增长部长奥康纳，代表中国向《数字经济伙伴关系协定》（DEPA）保存方新西兰正式提出申请加入DEPA。中国将按照DEPA有关程序和各成员开展后续工作。

目前很多贸易和投资活动都以数字化形式呈现，DEPA是全球第一个关于

---

① 《中国—柬埔寨自由贸易协定》生效的公告请见：http://fta.mofcom.gov.cn/article/chinacambodia/chinacambodiaxwfb/202201/46938_1.html。

② 申请加入《数字经济伙伴关系协定》的公告请见：http://www.mofcom.gov.cn/article/syxwfb/202111/20211103213288.shtml。

数字经济的重要规则安排。其共16个模块，包括商业和贸易便利化、数字产品及相关问题的处理、数据问题、数字身份、新兴趋势和技术、创新与数字经济、中小企业合作、数字包容等。其中，DEPA明确了加强个人信息保护的原则，包括收集限制、数据质量、目的规范、使用限制、安全保障、透明度、个人参与和问责制，要求各缔约方依据这些原则建立法律框架来保护个人信息；同时，协定强调了要保护中小企业在数字经济贸易投资中的利益，注重数字经济发展的包容性。

数字经济与投资的关系密不可分。一方面，数字经济的发展将改变经济增长和投资模式，数字经济使投资标的数字化，或可利用数字作为工具帮助传统产业升级。同时，大数据、个人信息保护等也将对投资决策产生影响。另一方面，数字经济领域的投资也会带来新的风险和挑战，如数据安全和数字主权的问题。毫无疑问，DEPA在促进国际投资发展方面具有开创性意义，其调和了数据自由流动和数据主权的矛盾，很大程度上解决了数字经济投资方面的顾虑，也将进一步促进电商、网络等产业的发展。DEPA也将倒逼缔约国相关国内法规、自贸及投资协定的转型升级，打造适应数字经济发展的规则体系，重塑数字贸易与投资发展格局，其对于投资争端解决的影响值得后续观察。

2.《投资便利化协定》谈判取得进展[①]

2016年，二十国集团（G20）杭州峰会达成了《G20全球投资指导原则》。为做好峰会成果转化，中国与部分G20成员于2017年在世界贸易组织（WTO）联合发起谈判议题，各方于2020年正式启动谈判。目前智利担任该议题的谈判协调人。该议题旨在建立国际规则，在全球范围内提升投资政策透明度，简化和加快投资审批程序，促进国际合作。

WTO《投资便利化协定》谈判各方于2021年3月8日至9日再次举行谈判会议。在此次谈判中，根据最新版的非正式综合文本以及协调员分发的修正草案中的新内容，与会成员的讨论集中在三个新增的条款上，涉及单一信

---

① 《投资便利化协定》谈判的公告请见：
http://chinawto.mofcom.gov.cn/article/ap/tzblhyt/202103/20210303042793.shtml，
http://chinawto.mofcom.gov.cn/article/ap/tzblhyt/202107/20210703179311.shtml，
http://chinawto.mofcom.gov.cn/article/ap/tzblhyt/202111/20211103222098.shtml。

息门户、适用于金融服务的授权费用和联络点。另外，成员们（1）讨论了旨在将未来的协定独立于国际投资协定的“防火墙”条款。同时，围绕一系列指导性问题，就与未来协定不同章节相关的“授权”概念进行商议。（2）讨论了建立一个“商业障碍预警机制”以解决投资者面临的问题，并根据不同成员提出的文本提案，解决了“负责任的商业行为”问题。（3）根据若干成员提交的关于腐败问题的文本提案讨论了反腐败措施。（4）讨论了关于国内供应商数据库的修正提案，以及关于一般例外、安全例外和财务例外的提案。

关于投资便利争端解决，尽管目前《投资便利化协定》仍处于谈判期，但鉴于投资便利措施可能同时受制于该协议及双边投资协定，因此投资便利争端也可能依照双边投资协定提交 ISDS 解决。这意味着参加《投资便利化协定》的 WTO 成员应谨慎起草投资便利争端解决条款，并考虑该条款与现有国际投资协定的 ISDS 条款之间的关系。①

12 月 10 日，中国和欧盟、俄罗斯、日本、智利、巴西、尼日利亚等共 112 个 WTO 成员共同签署了《投资便利化联合声明》，各方在声明中强调将继续坚持发展导向，并以现有谈判文本为基础推进谈判，目标是在 2022 年底前结束文本谈判，推动最终达成投资便利化多边协定。②

3. 商务部与国际贸易中心续签在共建“一带一路”倡议下加强合作的谅解备忘录③

2021 年 11 月 25 日，商务部副部长兼国际贸易谈判副代表王受文以视频方式与国际贸易中心执行主任科克·汉密尔顿续签《中华人民共和国商务部与国际贸易中心关于在共建“一带一路”倡议下加强合作的谅解备忘录》（以下简称《备忘录》），并就双方进一步深化合作交换意见。双方同意在共建“一带一路”倡议框架下加强合作，充分发挥各自优势，促进“一带一路”共建国经济贸易发展。合作领域包括促进区域经济一体化和南南合作、提升区域

① See George A. Bermann, N. Jansen Calamita, Manjiao Chi & Karl P. Sauvant, “Insulating a WTO Investment Facilitation Framework from ISDS”, CCSI FDI Perspectives, No. 286 (2020), available at: https://scholarship.law.columbia.edu/faculty_scholarship/2690.

②《投资便利化联合声明》签署的公告请见：http://www.mofcom.gov.cn/article/xwfb/xwrcxw/202112/20211203227332.shtml。

③ 商务部与国际贸易中心续签在共建“一带一路”倡议下加强合作的谅解备忘录的公告请见：http://www.mofcom.gov.cn/article/syxwfb/202111/20211103221677.shtml。

贸易便利化、促进贸易与投资、加强农村地区贸易能力建设等。目前，“一带一路”官方网站尚未公布《备忘录》的具体内容。

4. 商务部与匈牙利创新与技术部签署关于加强绿色发展谅解备忘录、数字经济领域投资合作谅解备忘录[①]

2021 年 11 月 18 日，中国商务部部长王文涛和匈牙利创新与技术部部长鲍尔科维奇签署《中华人民共和国商务部和匈牙利创新与技术部关于推动绿色发展领域投资合作的谅解备忘录》《中华人民共和国商务部和匈牙利创新与技术部关于加强数字经济领域投资合作的谅解备忘录》（合称《谅解备忘录》）。《谅解备忘录》的签署，将进一步加强中国与匈牙利在绿色发展、数字经济领域的投资合作，促进两国投资合作高质量发展，深化双边经贸关系。目前，“一带一路”官方网站尚未公布《谅解备忘录》的具体内容。

三、中国政府被诉和中国投资者起诉的投资仲裁案件

本章将梳理涉及中国政府或中国投资者[②]的部分投资仲裁案件，并根据仲裁机构公开信息、相关网站信息以及相关投资者或东道国披露的信息，对 2021 年新增或有明显进展的 11 起投资仲裁案件进行简要介绍。

涉及中国或中国投资者的投资仲裁案件包括机构仲裁和非机构仲裁，由位于美国华盛顿特区的国际投资争端解决中心（ICSID）受理或由位于荷兰海牙的常设仲裁法院（PCA）管理，案件适用的仲裁规则包括《ICSID 公约》和《ICSID 仲裁规则》（以下简称 ICSID 规则）以及贸法会规则等。

（一）中国被诉案件

1. 概况

截至 2022 年 3 月 31 日，以中国政府作为被申请人的已公开国际投资仲裁案共有 8 起（见附件一），[③] 均是根据中国对外签订的双边投资协定提起，[④]

---

① 商务部关于商务部与匈牙利创新与技术部签署关于加强绿色发展、数字经济领域投资合作两个谅解备忘录的公告请见：http://www.mofcom.gov.cn/article/syxwfb/202111/20211103219253.shtml。

② 包括香港、澳门和台湾地区投资者。

③ 其中，吴振顺诉中国案最初在 ICSID 立案，2021 年 8 月终止 ICSID 仲裁程序，改为 PCA 管理的临时仲裁。与联合国贸发会议的统计口径相一致，本文将吴振顺诉中国案的 ICSID 仲裁程序和 PCA 仲裁程序视为同一起案件。

④ 尚未公开仲裁依据的宋宇诉中国案（Yu Song v. China）除外。

没有依据投资合同或东道国法律提起，也没有依据中国对外签订的自由贸易协定（含投资章节）提起。8起案件中，至少有5起案件[①]适用的仲裁规则为ICSID规则。以下，笔者将从仲裁程序开始的年份、申请人及其国籍国情况、管辖权依据、实体争端涉及领域、案件结果等角度梳理这些案件。

从仲裁程序开始的年份看，2010年（含）以前，中国政府未曾被提起投资仲裁案件。自2011年开始的六年时间里，中国政府分别在2011年和2014年被提起1起案件，随后各有两年没有被诉案件，相当于每三年1起案件。2017年出现第3起案件后，仅隔一年即于2019年出现第4起案件。2020年立案的投资仲裁案件达到3起，几乎相当于过去年份的总和。2021年出现了第8起案件，是中国政府自2019年以来连续第三年被提起投资仲裁案件。

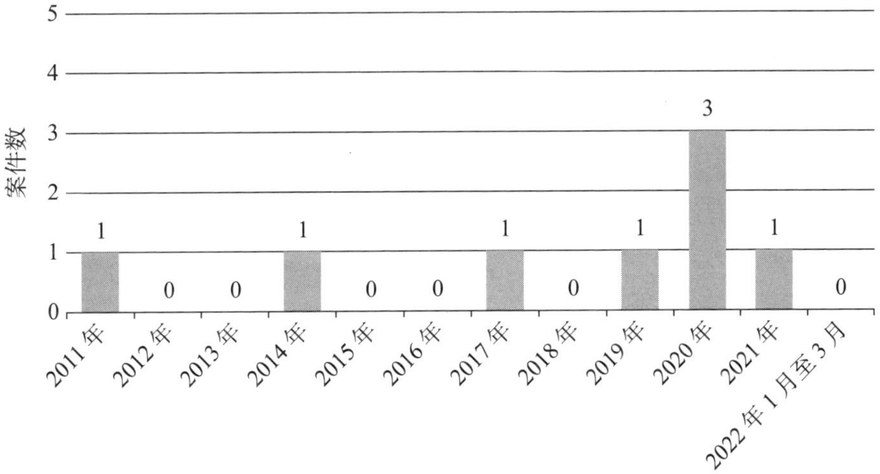

2011年至2022年间中国政府作为被申请人被提起投资仲裁案件数量统计图

已知8起案件中投资者的国籍分布情况与我国外资来源分布情况基本一致。根据中国商务部发布的《中国外资统计公报（2021）》，2020年，（除港澳台地区外的）外商投资实际投入金额排名前12位国家（或地区）分别是新加坡、英属维尔京群岛、韩国、日本、开曼群岛、荷兰、美国、德国、英国、

① 其中，吴振顺诉中国案前期适用ICSID规则，后期为PCA管理的临时仲裁。

萨摩亚、瑞士以及法国。[1] 已知 8 起案件中，由上述 12 个国家的投资者提起的投资仲裁案件有 7 起，其中新加坡投资者提起的案件有 2 起，韩国、日本、德国、英国和瑞士投资者各提起 1 起，另外 1 起案件由马来西亚投资者提起。从地域范围上看，亚洲投资者提起的案件有 5 起，占比 62.5%，欧洲投资者提起的案件共 3 起，占比 37.5%。目前尚没有北美洲、南美洲、大洋洲、非洲投资者对中国提起投资仲裁。

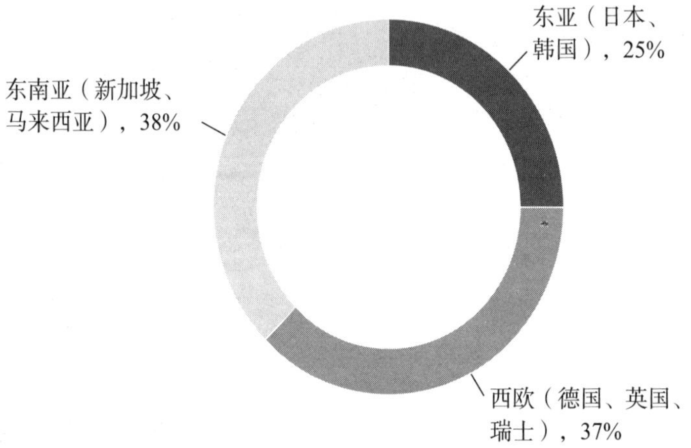

中国政府作为被申请人被提起投资仲裁案件投资者统计图（国籍）

以国际货币基金组织和联合国发展政策委员会等确定的国家类型[2] 看，8 起案件中有 7 起由发达国家投资者提起，仅 1 起由发展中国家投资者提起。

从投资者类型来看，迄今为止没有大型的跨国公司对中国提起过投资仲裁。现有 8 起案件中，除 2020 年新增的亚化集团等诉中国案是由新加坡凯利板上市公司提起之外，其余 7 起案件均由相对小型的非上市公司或自然人提

① 《中国外资统计公报（2021）》: http://images.mofcom.gov.cn/wzs/202111/20211125164038921.pdf，最后访问时间：2022 年 3 月 31 日。

② 见国际货币基金组织网站：https://www.imf.org/external/datamapper/NGDP_RPCH@WEO/OEMDC/ADVEC/WEOWORLD，最后访问时间：2022 年 3 月 31 日。联合国发展政策委员会网站：https://www.un.org/development/desa/dpad/least-developed-country-category/ldcs-at-a-glance.html，最后访问时间：2022 年 3 月 31 日。

起。其中的原因尚待探究，一个因素或许是大型跨国公司并不愿意冒险破坏其在中国的长远经营发展，因此选择其他途径寻求合理救济。

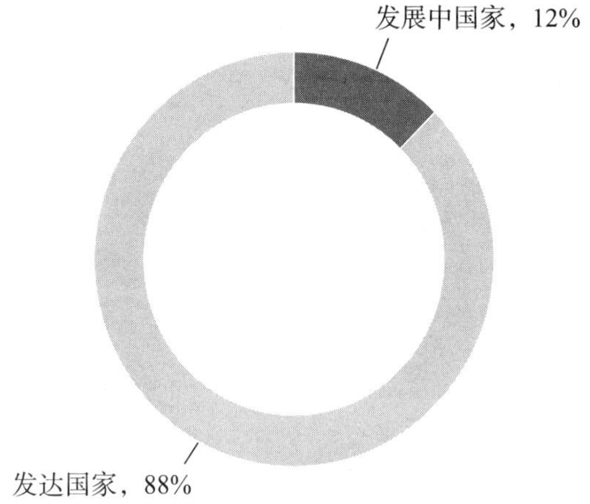

中国政府作为被申请人被提起投资仲裁案件投资者统计图（国籍国类型）

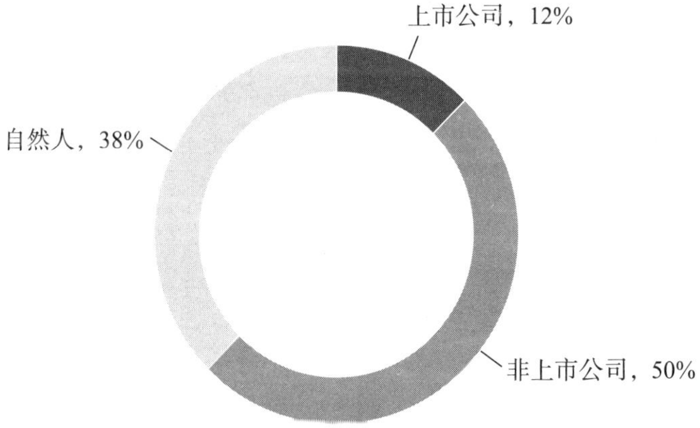

中国政府作为被申请人被提起投资仲裁案件投资者统计图（企业类型）

首先，从案件的管辖权依据来看，8 起案件中除安城诉中国案、海乐·西亚泽诉中国案、蒙特内罗诉中国案、宋宇诉中国案（该案管辖权依据尚未公开）以外，余下 4 起案件均是依据中国早期（1997 年以前）对外签订的双边投资协定提起的。在这类投资协定中，东道国均仅同意投资者将“征收补偿款额争端”提交国际仲裁庭。[①]安城诉中国案、海乐·西亚泽诉中国案和蒙特内罗诉中国案所依据的双边投资协定中，东道国则是全面接受国际仲裁管辖，同意投资者将与投资有关的全部争端提交国际仲裁。

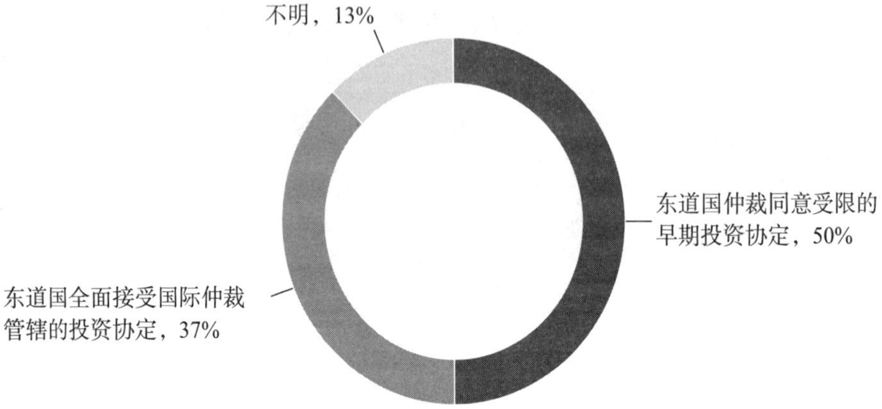

中国政府作为被申请人被提起投资仲裁案件的管辖权依据

其次，从案件实体争端涉及的领域来看，8起案件中，涉及不动产有关争端的至少有5起。公开信息中可以知悉不涉及不动产争端的案件有亚化集团等诉中国案和蒙特内罗诉中国案，而从公开信息尚不能确认宋宇诉中国案涉及的争端类型。其余案件的实体问题均不同程度地涉及不动产开发或土地使用权有关争端。

最后，从这8起案件的审理情况来看，已审结的案件有3起，未审结的案件则有5起。3起已审结的案件中，仅1起系裁决结案（案件被仲裁庭“早期驳回”），1起系双方当事人达成和解，1起系因为未支付仲裁所需预付款而程序终止。5起尚未审结的案件中，1起案件进入实体审理阶段，1起案件申请人已提交仲裁通知，另有3起案件根据公开信息可知至少已完成组庭。换言之，至今尚无中国政府在管辖权或实体上败诉的案件。

① 关于限制性争端解决条款的讨论，参见池漫郊、任清：《中国国际投资仲裁年度观察》（2021年），载《北京仲裁》2021年第2辑，中国法制出版社2021年版。

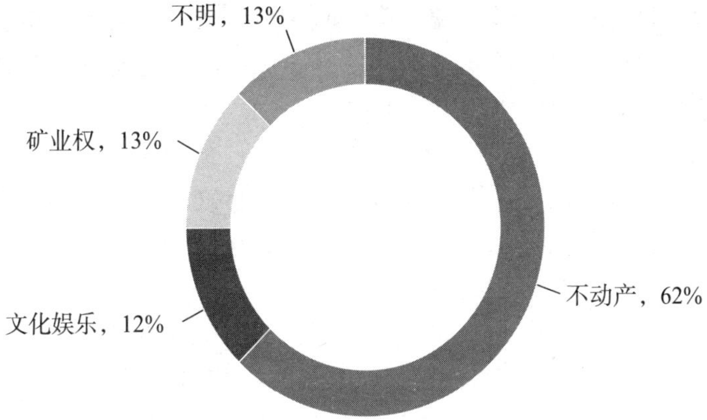

中国政府作为被申请人被提起投资仲裁案件争议领域

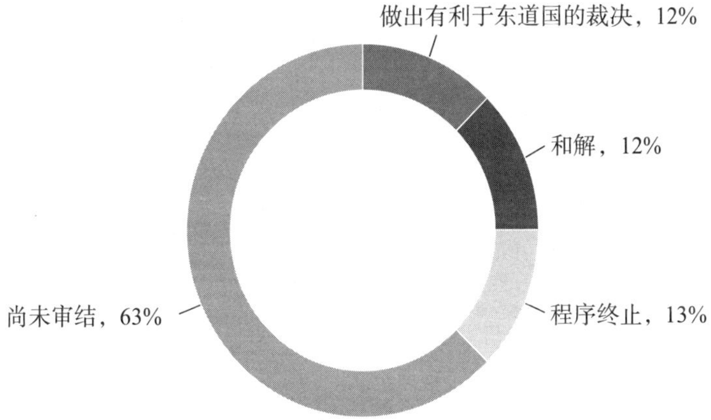

中国政府作为被申请人被提起投资仲裁案件结果

2. 宏大通商诉中国案

Macro Trading（宏大通商株式会社，以下简称宏大通商）诉中国案是中国政府被诉的第五起投资仲裁案。根据 ICSID 公开信息，该案涉案争端与不动产有关，投资者系依据 1988 年 8 月 27 日签订的《中华人民共和国和日本国关于鼓励和相互保护投资协定》[以下简称中国—日本 BIT（1988）] 提起仲裁。

根据 ICSID 公开信息，该案于 2020 年 6 月 29 日立案，并在 2020 年 11 月 16 日完成组庭。仲裁庭成员为申请人指定的美国籍 Miriam Sapiro 以及中国政府指定的北京首钢诉也门案首席仲裁员、国际法院斯洛伐克籍现任法官 Peter Tomka，首席仲裁员则由两名仲裁员指定的瑞士籍 Gabrielle Kaufmann-Kohler 担任。

2020 年 12 月 15 日，该案仲裁庭举行了第一次程序会议，但由于申请人一直未按有关规定缴纳预付款项，根据《ICSID 行政和财务条例》第 14 条第 3 款（d）项，该案仲裁程序于 2021 年 1 月 7 日被暂停；随后，Peter Tomka 法官辞任，[①] 该案仲裁程序由于仲裁庭出现空缺于 2021 年 2 月 6 日中止。2021 年 3 月 19 日，德国籍仲裁员 Rolf Knieper 接受中国政府指定，担任该案仲裁员。2021 年 3 月 22 日，仲裁庭重新组成。

2021 年 8 月 4 日，由于该案申请人仍未按规定预缴仲裁费，ICSID 秘书长建议仲裁庭依照《ICSID 行政和财务条例》第 14 条第 3 款（d）项终止仲裁程序。2021 年 9 月 10 日，仲裁庭依照《ICSID 行政和财务条例》第 14 条第 3 款（d）项发布命令，确认本案程序终止。

3. 吴振顺诉中国案

吴振顺诉中国案系新加坡国民吴振顺依据 1985 年 11 月 21 日签订、1986 年 2 月 7 日生效的《中华人民共和国政府和新加坡共和国政府关于促进和保护投资协定》[以下简称中国—新加坡 BIT（1985）] 提起的仲裁案件。

该案最初于 2020 年 9 月 16 日在 ICSID 立案，2021 年 6 月 23 日，仲裁庭组成，成员为申请人指定的奥地利仲裁员 Michael J. Moser、中方指定的澳大利亚仲裁员 Zachary Douglas 以及由两名仲裁员指定的美国籍首席仲裁员 Lucy Reed。2021 年 8 月 25 日，仲裁庭根据 ICSID 规则第 43 条第 1 款宣布程序终止。[②] 随后，该案作为临时仲裁案件交由 PCA 管理，申请人、被申请人、管辖权依据、仲裁庭组成等均保持不变。[③] 截至 2022 年 3 月 31 日，该案尚在审理中。

如笔者此前所指出，中国—新加坡 BIT（1985）仅规定了投资争端的临时仲裁，对于投资者提起 ICSID 仲裁的情况，被申请人可以统筹考虑 ICSID 公约和规则下的相关条款，采取适当的应对行动。[④] 笔者认为这正是该案由

---

① 一些报道认为 Peter Tomka 法官辞任与国际法院对现任法官兼任投资仲裁案仲裁员的限制有关。见池漫郊、任清：《中国国际投资仲裁年度观察》（2021），载《北京仲裁》2021 年第 2 辑，中国法制出版社 2021 年版。

② ICSID 网站：https://icsid.worldbank.org/cases/case-database/case-detail?CaseNo=ARB/20/34。

③ PCA 网站：https://pca-cpa.org/en/cases/269/。

④ 见池漫郊、任清：《中国国际投资仲裁年度观察》（2021），载《北京仲裁》2021 年第 2 辑，中国法制出版社 2021 年版。

ICSID 仲裁案件转为 PCA 管理的临时仲裁案件的原因。

4. 蒙特内罗诉中国案

2021 年 6 月 16 日，瑞士国民蒙特内罗（Eugenio Montenero）根据 2009 年 1 月 27 日签订、2010 年 4 月 13 日生效的《中华人民共和国政府和瑞士联邦委员会关于促进和相互保护投资协定及其议定书》[以下简称中国—瑞士 BIT（2009）] 提交仲裁通知，对中国政府提起投资仲裁。[①]

根据仲裁通知，2013 年 10 月，本案申请人通过其持股 50% 的香港公司组织并举办了第一届海南国际爵士音乐节。申请人称，海南国际爵士音乐节按计划应每年举行，而中国有关政府部门于 2014 年突然取消该项目的行为剥夺了申请人对其投资收入的合理期待，违反了中国—瑞士 BIT（2009）下关于征收、公平公正待遇、保护伞条款等规定。申请人要求中国政府就其损失作出 500 万瑞士法郎以上的赔偿。

中国—瑞士 BIT（2009）规定，投资者有权选择依据 ICSID 规则提交仲裁，或依据贸法会规则提交临时仲裁。根据仲裁通知，投资者选择依据中国—瑞士 BIT（2009）签订时有效的 1976 年贸法会规则提交临时仲裁，并提出以挪威首都奥斯陆作为仲裁地，以奥斯陆商会仲裁与争端解决研究所（Arbitration and Alternative Dispute Resolution Institute of the Oslo Chamber of Commerce）作为案件管理机构，并由奥斯陆商会仲裁与争端解决研究所指派独任仲裁员审理本案。

截至 2022 年 3 月 31 日，尚无公开信息透露该案的仲裁庭组成或审理进展。

（二）中国投资者起诉案件

1. 概况

截至 2022 年 3 月 31 日，中国投资者作为申请人共提起了 19 起国际投资仲裁案件（见附件二）。这 19 起案件中，除 2 起案件根据中国香港特别行政区政府对外签订的双边投资协定提起、2 起依据投资合同提起、1 起依据《中国—东盟全面经济合作框架协议投资协议》（以下简称《中国—东盟投资协议》）提起以外，余下 14 起均是依据中国政府对外签订的双边投资协定提起。在这 14 起案件中，有 4 起是由香港、澳门地区投资者提起的案件。以下，笔

① 该案投资者提交的仲裁通知见：https://jusmundi.com/en/document/pdf/other/en-eugenio-montenero-v-peoplcs-republic-of-china-request-for-arbitration-wednesday-16th-june-2021。

者将从仲裁程序开始的年份、被申请人情况、申请人情况、管辖权依据、实体争端涉及领域、案件结果等角度梳理这些案件。

从仲裁程序开始的年份看，自2007年出现中国投资者提起的第一起投资仲裁案件以来，除4个年份外，每年至少会新增1起或2起由中国投资者提起的投资仲裁案件。2020年新增案件首次达到3起，2021年新增案件则达到了4起，为历年来最高。

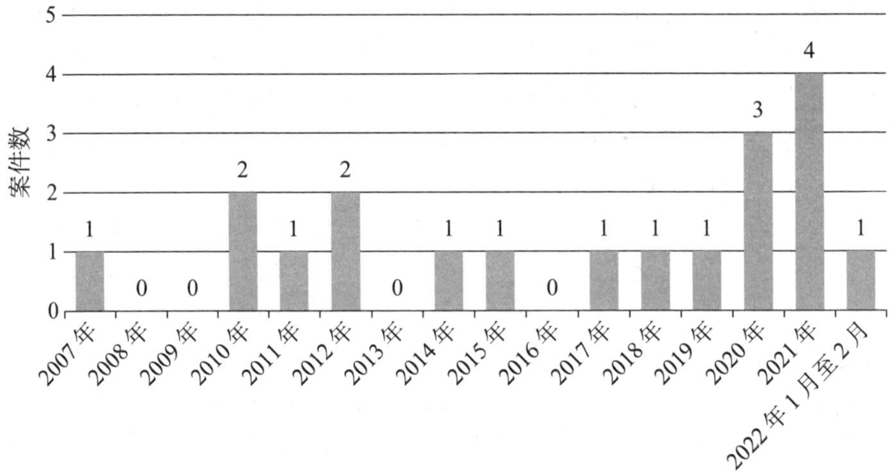

2007年至2022年间中国投资者作为申请人提起的投资仲裁案件数量统计图

如果仅讨论中国内地投资者提起投资仲裁案件的情况则可以发现，中国内地投资者提起投资仲裁案件的时间较晚，但近年来呈明显上升趋势。2010年，北京首钢对蒙古提起临时仲裁（PCA管理），这是第一起已知的中国内地投资者提起的投资仲裁案件。随后，北京城建和中国平安分别于2012年和2014年对也门和比利时提起投资仲裁。根据公开信息，2015年到2017年间，无其他中国内地投资者提起过投资仲裁案件。从2018年开始，每年均有1家或1家以上的中国企业通过投资仲裁解决与东道国的争端，包括：2018年，中山富诚对尼日利亚提起仲裁；2019年，两家中国企业对希腊提出仲裁通知（后又于同年撤回仲裁通知）；2020年，中国公民Fengzhen Min对韩国提起投资仲裁，Wang Jing等对乌克兰提起投资仲裁；2021年，中国公民Wang Jiazhu对芬兰提起投资仲裁，Qiong Ye和Jianping Yang对柬埔寨提起仲裁，北京爱德威通亮技术有限公司（以下简称北京爱德威）对加纳提起投资仲裁；2022 年 1 月，华为对瑞典提起的投资仲裁在 ICSID 立案。[①]

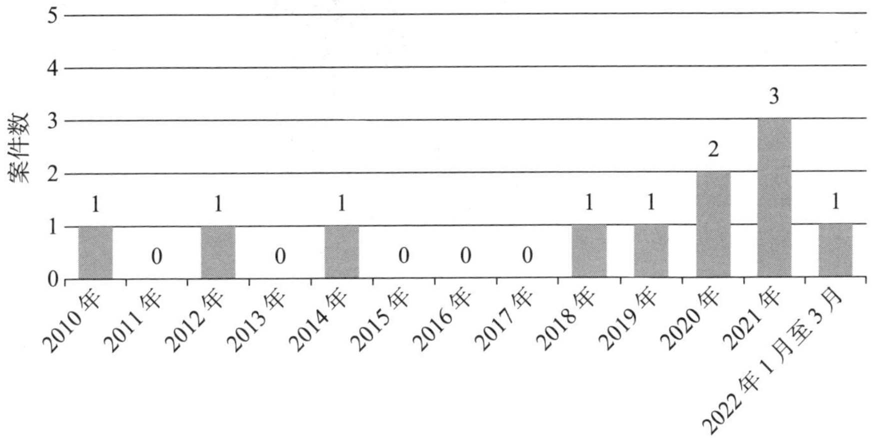

2010 年至 2022 年间中国内地投资者作为申请人提起的投资仲裁案件数量统计图

从被申请人地区分布情况来看，由中国内地投资者提起的 11 起投资仲裁案中，82% 的案件是以亚洲和欧洲国家作为被申请人，其中 4 起案件是以亚洲国家作为被申请人，分别是蒙古、也门、韩国、柬埔寨，5 起是以欧洲国家作为被申请人，分别是比利时、希腊、乌克兰、芬兰、瑞典，另有 2 起以非洲国家（尼日利亚、加纳）作为被申请人。至今尚无针对北美洲、南美洲和大洋洲国家提起的仲裁案件。将港澳台投资者也考虑在内，亚洲、欧洲和非洲也是被提起仲裁更多的地区，分别占 37%、32% 和 21%；南美洲和大洋洲各有 1 起案件，各占 5%。

从国际货币基金组织和联合国发展政策委员会等确定的国家类型[②]看，现

---

① 案件详细情况及参考链接请见附件二。

② 即相关案件中的东道国是国际货币基金组织（IMF）认定的发达经济体或发展中经济体；其中，国际货币基金组织认定的发展中经济体如果被联合国发展政策委员会认定为最不发达国家的，本表中根据联合国发展政策委员会认定的结果将其标注为最不发达国家。国际货币基金组织网站：https://www.imf.org/external/datamapper/NGDP_RPCH@WEO/OEMDC/ADVEC/WEOWORLD，最后访问时间：2022 年 3 月 31 日。联合国发展政策委员会网站：https://www.un.org/development/desa/dpad/least-developed-country-category/ldcs-at-a-glance.html，最后访问时间：2022 年 3 月 31 日。

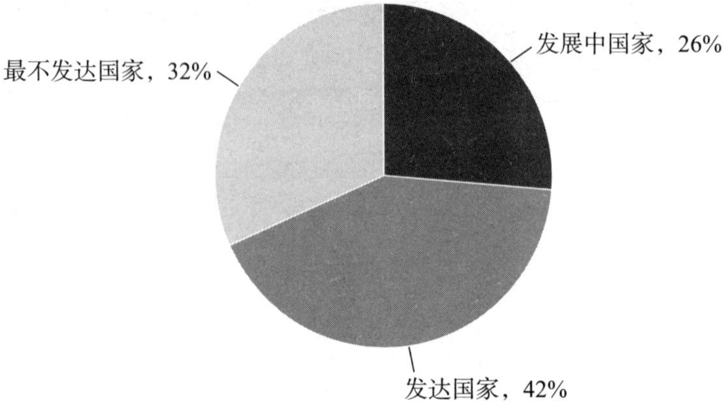

中国投资者作为申请人提起的投资仲裁案件中东道国统计图（国家类型）

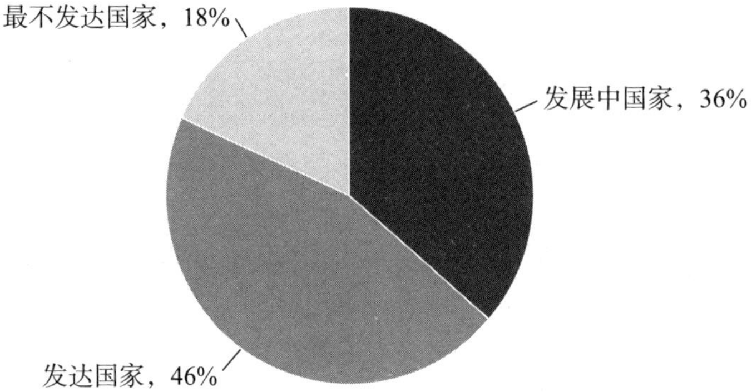

中国内地投资者作为申请人提起的投资仲裁案件中东道国统计图（国家类型）

有的19起案件中的8起案件以澳大利亚、日本等发达国家为被申请人，11起案件以秘鲁等发展中国家为被申请人，而这11起案件中有超过半数是以老挝、坦桑尼亚等最不发达国家为被申请人。如果仅讨论内地投资者提起投资仲裁案件的情况，11起案件中的5起案件以发达国家（比利时、希腊、韩国、芬兰、瑞典）为被申请人，6起案件以发展中国家（蒙古、也门、尼日利亚、乌克兰、加纳、柬埔寨）为被申请人，这6起案件中的2起是以最不发达国家（也门、柬埔寨）为被申请人。

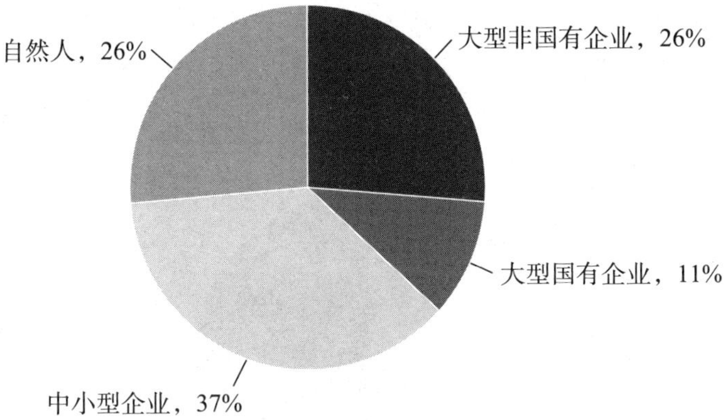

作为申请人提起投资仲裁案件的中国投资者类型统计图

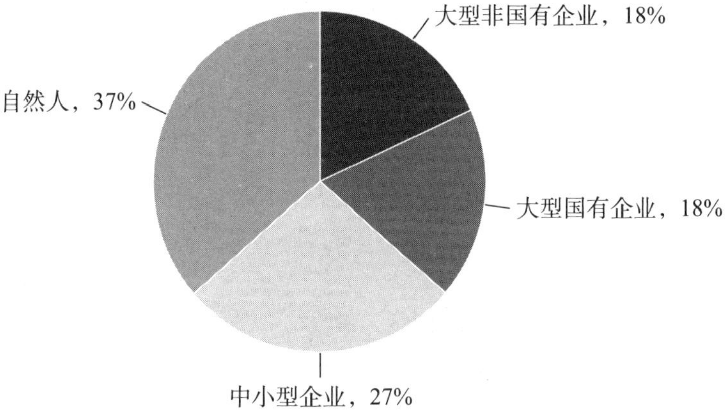

作为申请人提起投资仲裁案件的中国内地投资者类型统计图

从提起投资仲裁的中国投资者类型来看，中小型企业[①]和自然人提起的案件占较高比例。如果仅考虑中国内地投资者提起的投资仲裁案件，也是如此。中国内地投资者提起的11起投资仲裁案件中，由中小型企业提起的案件有3起，由自然人提起的案件有4起，另各有2起案件的申请人分别是大型国有

① 划分标准参考《统计上大中小微型企业划分办法（2017）》：http://www.stats.gov.cn/tjsj/tjbz/201801/t20180103_1569357.html，最后访问时间：2022年3月31日。《金融业企业划型标准规定》：http://www.pbc.gov.cn/tiaofasi/resource/cms/2018/07/2018072714202729165.pdf，最后访问时间：2022年3月31日。

企业和大型非国有企业。从时间段上，2018 年之前的 4 起案件中有 3 起案件的申请人是大型企业，只有 1 起案件的申请人为中小型企业；而自 2019 年以来，中国内地投资者提起的 7 起案件中有 6 起是由中小型企业和自然人提起。①

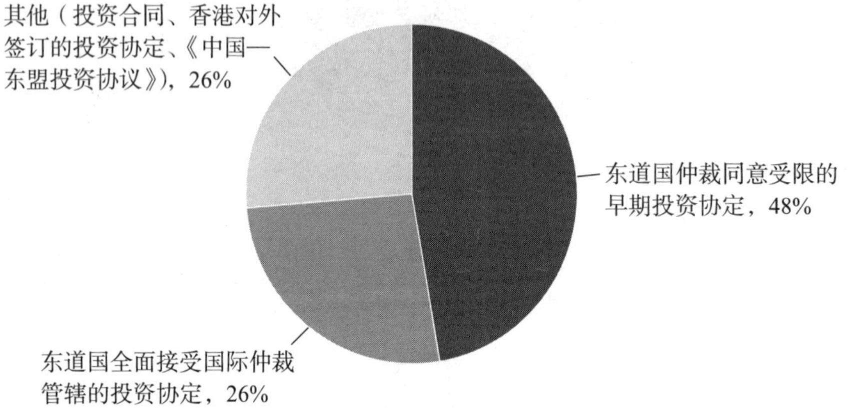

中国投资者作为申请人提起的投资仲裁案件的管辖权依据

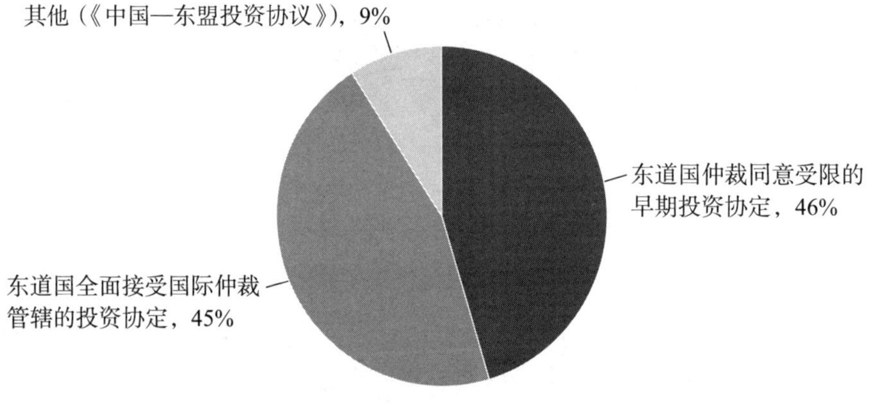

中国内地投资者作为申请人提起的投资仲裁案件的管辖权依据

① 需要说明的是，此处的数据是以申请人类型为标准统计的数据。而以自然人作为申请人提起的投资仲裁案件中，既包括主要争端发生在东道国与该自然人申请人之间的案件，也包括主要争端发生在东道国与该自然人拥有或持股的公司之间的案例［例如 Qiong Ye 及 Jianping Yang 诉柬埔寨案（见下文第 7 小节）］。

从案件的管辖权依据上看，19 起案件中，有 2 起案件依据中国香港特别行政区政府对外签订的双边投资协定提起，2 起依据投资合同提起，1 起是依据《中国—东盟投资协议》提起，余下 14 起均是依据中国政府对外签订的双边投资协定提起。在依据中国政府对外签订的双边投资协定提起的 14 起案件中，中国平安诉比利时案、Fengzhen Min 诉韩国案、中山富诚诉尼日利亚案、Wang Jiazhu诉芬兰案和华为诉瑞典案[①]等5起案件所援引的投资协定允许投资者将与投资有关的全部争端提交国际仲裁；余下 9 起案件系依据中国早期对外签订的双边投资协定提起，在这类投资协定中东道国仅同意投资者将“征收补偿款额争端”提交国际仲裁庭。Qiong Ye 和 Jianping Yang 诉柬埔寨案所依据的《中国—东盟投资协议》则将可仲裁事项规定为“缔约一方与缔约另一方投资者间就前者违反第 4 条（国民待遇）、第 5 条（最惠国待遇）、第 7 条（投资待遇）、第 8 条（征收）、第 9 条（损失补偿）以及第 10 条（转移和利润汇回）项下的义务，对投资者造成了与其投资的管理、实施、运营、出售或处理相关的损失或损害的争端”。中国内地投资者提起的 11 起投资仲裁案件中有 10 起是依据中国对外签订的双边投资协定提起。其中，依据东道国仲裁同意受限的早期投资协定提起的案件有 5 起，占总量的 46%。

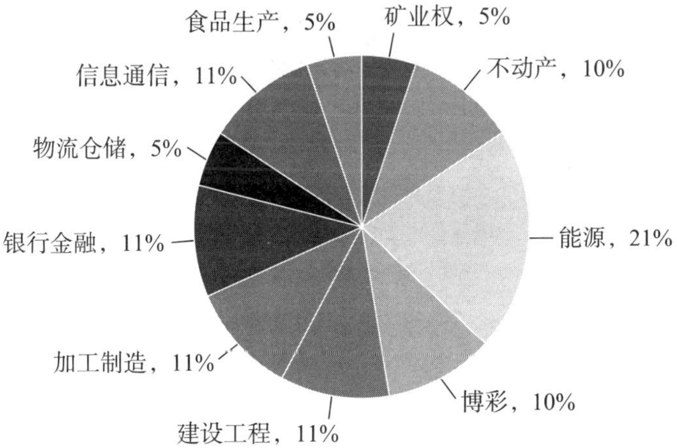

中国投资者作为申请人提起的投资仲裁案件争议领域

① 华为诉瑞典案依据的是 1982 年中国—瑞典 BIT 以及 2004 年议定书。

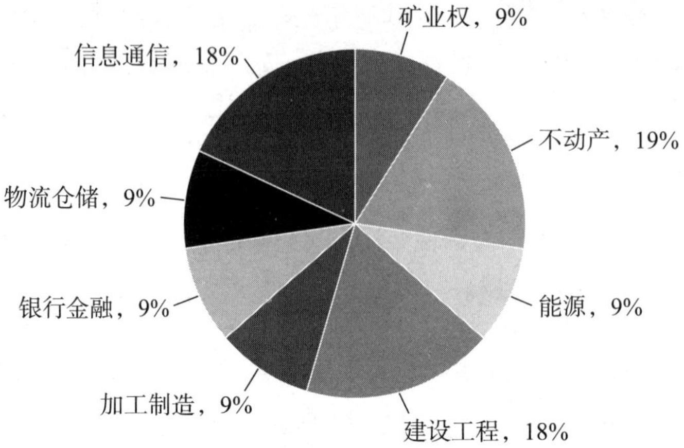

中国内地投资者作为申请人提起的投资仲裁案件争议领域

从案件实体争端涉及的领域来看，19 起案件涉及的领域较为分散，包括能源、博彩、建设工程、加工制造、矿业权、不动产等行业。内地投资者提起的 11 起投资仲裁案件也涉及能源、建设工程、矿业权、不动产、物流仓储、信息通信等多个领域。

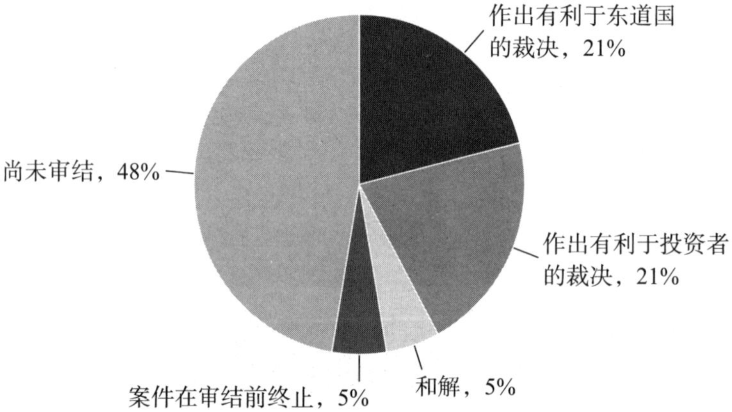

中国投资者作为申请人提起的投资仲裁案件结果

最后，从这 19 起案件的审理情况看，已结案件有 10 起，未结案件有 9 起。10 起已结案件中，4 起案件中仲裁庭作出有利于东道国的裁决，4 起案件中仲裁庭作出有利于投资者的裁决，1 起案件中争端双方和解，1 起案件在审结前终止。中国内地投资者提起的 11 起投资仲裁案中，已结案件有 5 起，未结案件有 6 起。5 起已审结的案件中，2 起案件中仲裁庭以缺乏管辖权为由作出有利于东道国的裁决，1 起案件中仲裁庭作出有利于投资者的裁决（中山富诚诉尼日利亚案），1 起案件中争端双方在仲裁庭作出有管辖权裁定之后和解，另有 1 起案件在审结前终止。

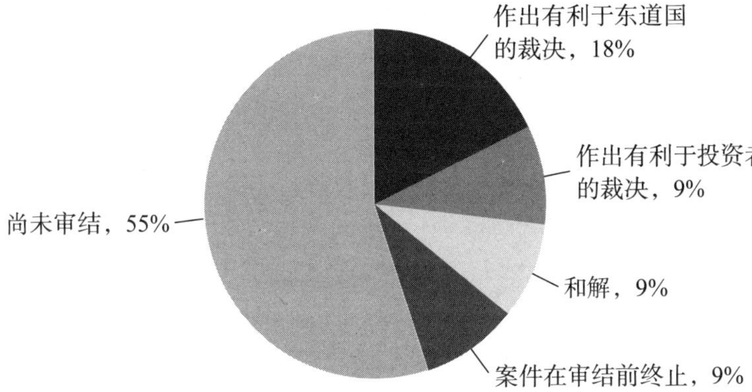

中国内地投资者作为申请人提起的投资仲裁案件结果

2. 中山富诚诉尼日利亚案[①]

本案是中国内地投资者对非洲国家提起的第一起投资仲裁案，也是中国内地投资者获得实体胜诉的第一起投资仲裁案件。

（1）事实背景

该案涉及的是中山富诚在尼日利亚西南部奥贡州（Ogun）的“奥贡广东自由贸易区”（中文名称现为尼日利亚广东经济贸易合作区，以下简称自贸区）的投资。根据仲裁裁决，在 2010 年至 2016 年间，中山富诚通过其子公司中富国际投资有限公司（以下简称中富公司）在自贸区中的富诚工业园进行投资。2010 年 6 月，中山富诚的母公司与自贸区的管理方就建设富诚工业园达

① 本节内容主要来自该案仲裁庭 2021 年 3 月 26 日作出的裁决，见 Zhongshan Fucheng Industrial Investment Co. Ltd. v. Federal Republic of Nigeria https://jusmundi.com/en/document/decision/en-zhongshan-fucheng-industrial-investment-co-ltd-v-federal-republic-of-nigeria-final-award-monday-1st-march-2021；以及中山富诚代理律师在 2022 年 1 月向美国哥伦比亚特区联邦地区法院提交的仲裁执行请求书，见 https://jusmundi.com/en/document/other/en-zhongshan-fucheng-industrial-investment-co-ltd-v-federal-republic-of-nigeria-petition-to-recognize-and-enforce-foreign-arbitral-award-tuesday-25th-january-2022#other_document_22364。

成框架协议。2010 年 10 月，中山富诚通过协议从母公司受让了建设富诚工业园的有关权利。2013 年，中山富诚与奥贡州政府等签署合资协议，共同建设、管理和运营自贸区。自 2016 年 5 月起，奥贡州政府宣布终止合资协议，接管了中山富诚的权利和资产，并通过警察等将中富公司驱逐出自贸区（包括富诚工业园）（前述措施统称“2016 年政府行为”）。中山富诚曾先后向尼日利亚法院提出诉讼、向新加坡国际仲裁中心提出仲裁，但均无果而终。

（2）仲裁程序

本案系依据 2001 年 8 月 27 日签订、2010 年 2 月 18 日生效的《中华人民共和国政府和尼日利亚联邦共和国政府相互促进和保护投资协定》[以下简称中国—尼日利亚 BIT（2001）] 提起的临时仲裁案件，仲裁地为英国伦敦，PCA 提供案件管理服务。

本案在仲裁阶段的经过如下：

- 2017 年 9 月，中山富诚向尼日利亚发出争端通知和磋商请求，但未收到任何回复；
- 2018 年 8 月 30 日，中山富诚提交仲裁申请书，对尼日利亚提起投资仲裁；主张尼日利亚在 2016 年采取的相关措施违反了其在投资保护、公平公正待遇条款下的义务，且构成非法间接征收，并据此要求尼日利亚就其损失作出赔偿；
- 2019 年 1 月，仲裁庭组成，成员为中山富诚指定的仲裁员 Matthew Gearing QC、尼日利亚指定的仲裁员 Rotimi Oguneso SAN 以及两名仲裁员共同指定的首席仲裁员 Lord Neuberger of Abbotsbury；仲裁庭举行第一次会议，随后发布第一号程序令；
- 2019 年 5 月，中山富诚公司提交 Statement of Claims；
- 2019 年 10 月，尼日利亚提交 Statement of Defense（含管辖权异议）和分步审理申请；
- 2019 年 11 月，仲裁庭决定不分步审理；
- 2020 年 1 月，中山富诚公司提交 Statement of Reply；
- 2020 年 3 月，尼日利亚提交 Statement of Rejoinder；
- 2020 年 5 月，经向仲裁庭申请并获准，尼日利亚提交修改后的 Statement

of Defense；[①]
- 2020 年 6 月，中山富诚公司提交修改后的 Statement of Reply；
- 2020 年 11 月 9—13 日，仲裁庭开庭审理本案；[②]
- 2021 年 3 月 26 日，仲裁庭作出有利于投资者的裁决。

（3）关于仲裁庭是否有管辖权

尼日利亚主张仲裁庭对本案没有管辖权，其提出的管辖权异议主要包括：

- 申请人指控的行为并非尼日利亚联邦作出的行为，故不可归因于尼日利亚；
- 申请人不享有受中国—尼日利亚 BIT（2001）保护的投资；
- 本案仲裁程序启动时，中国—尼日利亚 BIT（2001）第 9 条第 3 款规定的六个月“冷静期”尚未届满；
- 鉴于投资者已选择国内救济程序，根据中国—尼日利亚 BIT（2001）第 9 条第 2 款岔路口条款的规定，仲裁庭没有管辖权；
- 申请人在本案中的诉请系基于尼日利亚法院的诉讼程序和 / 或反诉禁令提出，在其未就国内程序提出上诉的情况下不得提起本案。

仲裁庭驳回了尼日利亚提出的管辖权异议：

- 关于归因：仲裁庭认为，虽然申请人的主张主要系针对奥贡州（而非联邦国家）的行为提出，但根据习惯国际法，国家的任何机关包括依据国内法独立存在的国家机关均应被视为国家的一部分。尼日利亚援引 Vivendi 等诉阿根廷案、[③]Azinia，Davitian，& Baca 诉墨西哥案[④]主张地方政府的违约行为不可归因于国家，但这两起案件的申请人均系基于

---

① 尼日利亚后来还申请提交 Further Statement of Rejoinder，被仲裁庭拒绝。

② 尼日利亚曾两次申请开庭延期，仲裁庭同意了第一次申请，拒绝了第二次申请。

③ 该案信息请见 Compañía de Aguas del Aconquija S.A. and Vivendi Universal S.A. v. Argentine Republic（ICSID Case No. ARB/97/3）https://icsid.worldbank.org/cases/case-database/case-detail?CaseNo=ARB/97/3。

④ 该案信息请见 Robert Azinian and others v. United Mexican States（ICSID Case No. ARB（AF）/97/2）https://icsid.worldbank.org/cases/case-database/case-detail?CaseNo=ARB（AF）/97/2。

地方政府"纯粹的"违约行为主张索赔；而根据Interocean诉尼日利亚案、[①]Koza诉土库曼斯坦案，[②]若被诉行为在其他方面违反了投资协定，则相关行为仍可归因于国家——后者正是本案情形，即"2016年政府行为"从其他方面违反投资协定，故可归因于尼日利亚。

- 关于"投资"：仲裁庭认为尼日利亚关于"申请人不享有受保护的投资"的主张无法成立。仲裁庭指出，就"投资"而言，更难判断的是申请人的"投资"应为其在中富公司的股权还是中富公司所享有的权益。不过，由于中国—尼日利亚BIT（2001）第1条第1款对"投资"的宽泛定义足以同时涵盖前述两种权益，仲裁庭认为无需就这一问题作出判断。
- 关于"冷静期"：仲裁庭认为六个月"冷静期"的起算时点为中山富诚于2017年9月21日向尼日利亚发出争端通知和磋商请求的时点，故该条件已满足；以尼日利亚未接受磋商请求为由认定中山富诚没能留足磋商时间将有悖于正义。
- 关于"岔路口"条款：仲裁庭采用了"三重一致标准"（triple identity test），从争端当事方、法律依据和寻求的救济三个方面认定涉案法院程序与本案不同，中富公司提起的国内诉讼不会阻却中山富诚提起国际仲裁；仲裁庭同时指出，即使采用"根本基础标准"（fundamental basis test）其结论也是如此，因为国内诉讼与本案追求的目标不同。
- 关于本案是否依赖于法院程序或反诉禁令：仲裁庭表示，鉴于其已经认定"2016年政府行为"可归因于尼日利亚，本案无需依赖于国内法院的程序或反诉禁令。

（4）仲裁结果

仲裁庭认定尼日利亚在2016年的相关行为违反了其在中国—尼日利亚BIT（2001）第2条第2款（持续保护）、第2条第3款（不得采取不合理或

---

① 该案信息请见 Interocean Oil Development Company and Interocean Oil Exploration Company v. Federal Republic of Nigeria（ICSID Case No. ARB/13/20）https://icsid.worldbank.org/cases/case-database/case-detail?CaseNo=ARB/13/20。

② 该案信息请见 Garanti Koza LLP v. Turkmenistan（ICSID Case No. ARB/11/20）https://icsid.worldbank.org/cases/case-database/case-detail?CaseNo=ARB/11/20。

歧视性措施）、第3条第1款（公平公正待遇）和第4条（征收）下的义务，裁决尼日利亚应支付中山富诚不低于宣布征收时投资的价值的赔偿金（5560万美元）、就中山富诚员工受到的监禁等对待支付精神损失费（7.5万美元）、前述金额的裁决前利息（共940万美元）、律师费和仲裁费等（合计约286万英镑），以及前述各项金额的裁决后利息。

（5）撤裁和执行程序

2021年4月，尼日利亚以仲裁庭对该案无管辖权等为由在英国法院提出撤裁申请。2021年6月，中山富诚提交了答辩意见，并提出了费用担保申请。2021年10月，临近开庭前，尼日利亚撤回了撤裁申请。双方随后就撤裁程序的费用达成一致：由尼日利亚向中山富诚支付17500英镑。至2021年12月7日，尼日利亚分四次向中山富诚支付了前述金额。

自2021年11月起，中山富诚公司曾两次要求尼日利亚政府支付仲裁裁决确定的金额，但均未获得后者的回应。2021年12月8日，中山富诚公司在英国法院申请执行仲裁裁决。英国法院于2021年12月21日作出了承认仲裁裁决的命令。2022年1月25日，中山富诚又在美国哥伦比亚特区地区法院申请承认和执行仲裁裁决。截至2022年3月31日，该案尚在审理中。

3. Fengzhen Min诉韩国案[①]

本案是ICSID受理的第5起中国内地投资者提起的投资仲裁案件。涉案争端与房地产有关，申请人为中国公民Fengzhen Min，管辖权依据为2007年9月7日签订的《中华人民共和国政府和大韩民国政府关于鼓励和相互保护投资协定》[以下简称中国—韩国BIT（2007）]。截至2022年3月31日，本案尚在审理中。

（1）事实背景

2007年，申请人Fengzhen Min在韩国设立房地产投资企业Pi Investment Co. Ltd.（Pi Korea）。随后，Fengzhen Min以其在Pi Korea的股权为抵押，向金融机构贷款；与该笔贷款相关的债权分别在2009年、2010年被转移至韩国友利银行。

2011年6月，依据贷款延期条款，友利银行采取了一系列措施，包括将

① 本节内容主要来自ICSID网站公开信息和仲裁庭作出的关于“早期驳回”异议的决定，见Fengzhen Min v. Republic of Korea（ICSID Case No. ARB/20/26）https://icsid.worldbank.org/cases/case-database/case-detail?CaseNo=ARB/20/26；https://jusmundi.com/en/document/decision/en-feng-zhen-min-v-republic-of-korea-thursday-30th-july-2020。

申请人从 Pi Korea 董事中除名、为 Pi Korea 股权设立信托等。2013 年 12 月，友利银行因为 Fengzhen Min 不能依约偿付贷款而将上述抵押股权出售给外国投资者，相关股权分别在 2014 年 3 月、2015 年 1 月完成转让，使申请人失去了其在 Pi Korea 的全部股权。2015 年 3 月，Fengzhen Min 得知前述股权出售交易（前述措施统称“友利银行措施”）。

2013 年，Fengzhen Min 曾向首尔中央地区法院对友利银行提起诉讼，请求法院宣布 Fengzhen Min 为 Pi Korea 的股东。2015 年 11 月，首尔中央地区法院认定友利银行向外国投资者出售股权的交易有效，并拒绝认定 Fengzhen Min 为 Pi Korea 的股东。该判决于 2016 年 12 月 23 日被韩国高等法院维持，于 2017 年 7 月 18 日进一步被韩国最高法院维持（前述程序统称“民事法律程序”）。

此外，当地检察院早在 2010 年就启动了针对 Fengzhen Min 的刑事调查，指控 Fengzhen Min 犯有侵占、贿赂、对友利银行作出虚假指控等罪。2016 年 10 月，Fengzhen Min 被韩国高等法院认定犯有侵占等罪，并被判处六年监禁。Fengzhen Min 随后提出上诉，但在 2017 年 3 月被韩国最高法院驳回。申请人至今仍在监禁中（前述程序统称“刑事法律程序”）。

（2）仲裁程序

截至 2022 年 3 月 31 日，本案程序经过如下：

- 2020 年 7 月 16 日，申请人向 ICSID 提交仲裁申请书；
- 2020 年 8 月 3 日，ICSID 秘书长完成立案登记；
- 2021 年 2 月 1 日，仲裁庭完成组庭，成员包括：申请人指定的加拿大籍仲裁员 Stephen L. DRYMER、被申请人指定的加拿大和新西兰籍仲裁员 Donald M. MCRAE，以及争端双方共同指定的英国籍首席仲裁员 Ian GLICK；
- 2021 年 2 月 5 日，被申请人依据 ICSID 规则第 41 条第 5 款提出“早期驳回”异议；随后，申请人就“早期驳回”异议提交了两轮意见，被申请人提交了一轮意见；
- 2021 年 5 月 26 日，该案仲裁庭通过视频会议方式举行第一次会议并开庭审理被申请人的“早期驳回”异议；
- 2021 年 6 月 1 日，仲裁庭作出第一号程序令；
- 2021 年 6 月 18 日，仲裁庭作出关于“早期驳回”异议的决定，部分驳回被申请人提出的“早期驳回”异议；
- 2021 年 8 月 9 日，仲裁庭作出第二号程序令；

- 2021 年 9 月 3 日，仲裁庭作出第三号程序令；
- 2021 年 12 月 24 日，仲裁庭作出第四号程序令。

（3）仲裁庭关于“早期驳回”异议的决定

在仲裁申请书中，申请人主张上文所述友利银行措施和民事法律程序构成非法征收，且民事法律程序和刑事法律程序违反了公平公正待遇、构成拒绝司法，并据此主张韩国就其股权损失做出赔偿。申请人同时请求仲裁庭宣布刑事法律程序违反中国—韩国 BIT（2007）和国际法，要求韩国立即释放申请人并赔偿其精神损失。

2021 年 2 月 5 日，韩国政府依据 ICSID 规则第 41 条第 5 款提出“早期驳回”异议，主张申请人基于友利银行措施和刑事法律程序提出的仲裁请求显然超过中国—韩国 BIT（2007）第 9 条第 7 款规定的三年时效，应予驳回。[①]

根据中国—韩国 BIT（2007）第 9 条第 7 款，自投资者首次知晓或应当首次知晓损失之日起超过三年的，投资者不得提出仲裁请求。[②] 在该案中，双方同意诉讼时效“截止日期”（cut-off date）为 2017 年 7 月 16 日（申请人向 ICSID 提交仲裁申请书之日的三年前），但双方就“知晓”的起算时点持不同意见。被申请人认为“知晓”时点应自投资者首次知晓相关损失的“存在”之日起计算，且适用于由一系列行为构成的持续或复合行为，即无需等到系列行为“形成违法行为”后再起算；申请人则认为“知晓”的起算时点应在投资者对“有关损失的存在有合理程度的确定”之后，而针对持续或复合行为，起算时点应在“系列行为足以构成违法行为”之后。

具体到本案中，就友利银行措施而言，被申请人认为，申请人在 2013 年启动民事法律程序时，或最晚在 2015 年得知股权出售交易时，就已知晓其损失；就刑事法律程序而言，被申请人认为，申请人在 2017 年 3 月韩国最高法院驳回申请人的刑事上诉时就应已“知晓”其损失。

针对被申请人的上述主张，仲裁庭首先指出，由于韩国仅就申请人的“部

① 值得一提的是，在安城诉中国案中，中国政府基于中国—韩国 BIT（2007）第 9 条第 7 款，以超过时效为由提出“早期驳回”异议，获得了仲裁庭支持。详见池漫郊、任清：《中国国际投资仲裁年度观察》（2020 年），载《北京仲裁》2020 年第 2 辑，中国法制出版社 2021 年版。

② 该条原文如下：*Notwithstanding the provisions of paragraph 3 of this Article, an investor may not make a claim pursuant to paragraph 3 of this Article if more than three years have elapsed from the date on which the investor first acquired, or should have first acquired, knowledge that the investor had incurred loss or damage.*

分主张”提出异议，仲裁程序无论如何都会继续进行，而仲裁庭不得对后续程序中的任何事实或法律问题作出预先判断，故应“简短地”就韩国提出的异议作出裁决。关于申请人在本案中“知晓”其损失的起算时点，仲裁庭认为“知晓”时点应在违法行为发生之后起算，具体来说：

就友利银行措施而言，Fengzhen Min 在 2015 年 3 月前后得知股权出售交易时，应已知晓与友利银行措施相关的损失，故申请人单独针对友利银行措施的请求显然超过时效。

就刑事法律程序而言，鉴于申请人仍在监禁中，仲裁庭认为刑事法律程序是否构成对中国—韩国 BIT（2007）的持续违反行为只能在实体阶段确定，而不应在“早期驳回”异议中讨论。[①] 此外，尽管申请人在“截止日期”前就已被定罪并开始服刑，但其遭受的某些损失也可能是由发生在“截止日期”之后的违法行为导致的，因此与刑事法律程序相关的请求并非“在法律上明显没有道理”。

就申请人其他与友利银行措施、刑事法律程序相关的请求而言，鉴于这些请求都是基于复合行为（同时与民事法律程序有关）提出，违法行为可能在复合行为完全结束后才形成。而由于民事法律程序在“截止日期”之后完成，[②] 故申请人首次知晓其相关损失的时点有可能发生在“截止日期”之后，其与民事法律程序有关的复合主张并非“在法律上明显没有道理”。

基于以上理由，仲裁庭裁定申请人单独针对友利银行措施的请求“在法律上明显没有道理”并支持了被申请人对此提出的“早期驳回”异议，但驳回了被申请人其他的“早期驳回”异议。

4. Wang Jing 等诉乌克兰案 [③]

本案申请人为中国投资者 Wang Jing 等人，涉案争端与这些投资者对乌克兰 Motor Sich 公司（马达西奇公司）的收购有关，管辖权依据为 1992 年 10 月 31 日签订的《中华人民共和国政府和乌克兰政府关于鼓励和相互保护投资协定》[以下简称中国—乌克兰 BIT（1992）]。

据申请人及其关联企业的声明，由于乌克兰方面过去 5 年以来针对中国投资者的不公平待遇，以及持续实施的非法措施，中国投资者在乌克兰及中国国内均

---

① 仲裁庭注意到这与安城诉中国等案件仲裁庭的观点不同。

② 即韩国最高法院于 2017 年 7 月 18 日作出维持民事判决的决定。

③ 本节内容系根据 iareporter 相关报道和当事方相关公开文件总结，见 WANG JING ET AL. V. UKRAINE https://www.iareporter.com/arbitration-cases/wang-jing-et-al-v-ukraine/。

蒙受了重大损失：（1）Wang Jing等中国投资者在2016年收购马达西奇公司的股权，并同意向马达西奇公司提供2.5亿美元的长期低息投资贷款，但中国投资者支付的第一期贷款随后在2017年被乌克兰安全局扣押，且至今未退回；（2）乌克兰反垄断委员会对2016年股权收购交易"产生了兴趣"，随后乌克兰国家安全局展开刑事调查，2018年乌克兰法院阻止了马达西奇公司任何股权的流通；（3）乌克兰总统于2021年1月发布总统令，分别制裁Wang Jing等中国投资者个人及其关联企业，制裁措施包括冻结资产、限制撤资与增资、限制证券交易、禁止股权集中，禁止跨境资金流动等。为此，申请人的索赔超过45亿美元。[①]

据悉，本案已完成组庭，仲裁庭成员为申请人指定的Klaus Reichert、被申请人指定的Zachary Douglas，以及两名仲裁员共同指定的首席仲裁员Pierre Tercier。

5. 北京爱德威诉加纳案[②]

北京爱德威于2021年2月依据1989年10月12日签订、1990年11月22日生效的《中华人民共和国政府和加纳共和国政府关于鼓励和相互保护投资协定》[以下简称中国—加纳BIT（1989）]对加纳政府提起投资仲裁。据报道，本案与加纳政府在2020年11月终止一项2018年签订的涉及交通管理系统的合同有关。该案已于2021年完成组庭，仲裁庭成员为申请人指定的V.K. Rajah、被申请人指定的Richard Oppong以及首席仲裁员Stavros Brekoulakis。

6. Wang Jiazhu诉芬兰案

2021年1月22日，中国公民Wang Jiazhu依据2004年11月15日签订、2006年11月15日生效的《中华人民共和国政府和芬兰共和国政府关于鼓励和相互保护投资协定》[以下简称中国—芬兰BIT（2004）]提交仲裁通知，对芬兰提起投资仲裁。[③]

---

① 相关公告原文为乌克兰语，请见：https://mc-osa.com.ua/ua/。另见环球网报道：https://world.huanqiu.com/article/45mQAMLen0h。

② 本节内容主要来自iareporter报道，见BEIJING EVERYWAY TRAFFIC V. GHANA（1）https://www.iareporter.com/arbitration-cases/beijing-everyway-traffic-v-ghana-1/。据报道，北京爱德威另外依据投资合同在伦敦国际仲裁中心提起了一起商事仲裁案件。

③ 除中国—芬兰BIT（2004）外，中国政府还在1984年9月4日与芬兰签订过《中华人民共和国政府和芬兰共和国政府关于保护投资的协定》[以下简称中国—芬兰BIT（1984）]。根据中国—芬兰BIT（2004）第13条，中国—芬兰BIT（2004）取代了中国—芬兰BIT（1984），除去在中国—芬兰BIT（2004）生效之前已经进入司法或仲裁程序的与投资有关的争端或请求仍应适用中国—芬兰BIT（1984）外，其他投资及相关争端均应适用中国—芬兰BIT（2004）。

申请人在仲裁通知中称，芬兰政府在2009年底对其位于芬兰科沃拉的批发分销和物流中心进行了突击检查，随后以涉嫌非法移民和贩卖人口为由对申请人实施了三个月的非法监禁，并在2011年出售了申请人的资产。2011年5月，检察官突然终止了对申请人的刑事调查，并未对申请人提出任何起诉。申请人主张，芬兰政府的前述行为违反了中国—芬兰BIT（2004）下关于投资保护、公平公正待遇和征收的义务，并据此主张赔偿。①

2021年2月19日，芬兰政府就仲裁通知提交了回复。在其回复中，芬兰基于中国—芬兰BIT（2004）的岔路口条款提出管辖权异议，称Wang Jiazhu已在芬兰法院就上述行为提出过相同的赔偿主张。就实体部分，芬兰政府认为其行为系行使刑事调查的主权权利，不构成对中国—芬兰BIT（2004）的违反；并提出申请人未能证明其损失与所主张的违反行为之间存在因果关系。在其回复中，芬兰表示，释放并终止对申请人的刑事调查与芬兰判例法发展有关——芬兰最高法院于2010年2月1日判决以虚假信息获得居住许可的行为不构成非法移民罪，该判决作出当天申请人便被释放。芬兰还表示，芬兰国家财政部随后根据《国家基金对逮捕或居留无辜者进行赔偿法》对申请人作出了赔偿。②

根据相关报道，本案仲裁庭成员由申请人指定的仲裁员Kemal Bokhary、被申请人指定的仲裁员Kaj Hober以及两名仲裁员共同指定的首席仲裁员Jonathan Mance组成。本案为无管理机构的临时仲裁，仲裁规则为贸法会规则（2013年修订版），仲裁地最终确定为伦敦。据悉，本案当事方以及仲裁庭均同意对本案进行分步审理。③

7. Qiong Ye等诉柬埔寨案④

2021年9月1日，首例依据《中国—东盟投资协议》提起的投资仲裁

---

① 申请人提交的仲裁通知请见：https://jusmundi.com/en/document/other/en-wang-jiazhu-v-the-republic-of-finland-request-for-arbitration-friday-22nd-january-2021。

② 芬兰提交的回复请见：https://jusmundi.com/en/document/other/en-wang-jiazhu-v-the-republic-of-finland-response-to-the-notice-of-arbitration-friday-19th-february-2021#other_document_22076。

③ 请见iareporter报道：https://www.iareporter.com/articles/finland-sets-out-response-to-its-first-ever-bit-claim-jurisdictional-objection-is-bifurcated/。

④ 本节内容主要来自ICSID官网和iareporter报道，见Qiong Ye and Jianping Yang v. Kingdom of Cambodia（ICSID Case No. ARB/21/42）https://icsid.worldbank.org/cases/case-database/case-detail?CaseNo=ARB/21/42；QIONG YE AND JIANPING YANG V. CAMBODIA https://www.iareporter.com/arbitration-cases/qiong-ye-and-jianping-yang-v-cambodia/。

在 ICSID 立案。根据相关报道，本案两名中国籍申请人 Qiong Ye 和 Jianping Yang 为中资柬埔寨电信公司 Emaxx Telecom 的董事，Emaxx Telecom 在柬埔寨经营 4G 移动网络，该公司曾在 2014 年与华为签订关于在柬埔寨建立 4G 基站的合同。报道称，本案争端与柬埔寨邮电部在 2020 年以未依法缴纳所得税等理由撤销 Emaxx Telecom 的移动服务运营商执照有关。

本案在 2022 年 2 月 3 日完成组庭，仲裁庭由申请人指定的新加坡仲裁员 Cavinder Bull、被申请人指定的英国仲裁员 Christopher Harris，以及申请人和被申请人共同指定的芬兰籍首席仲裁员 Veijo Heiskanen 组成。

8. 华为诉瑞典案[①]

2022 年 1 月 21 日，华为技术有限公司（以下简称华为）针对瑞典政府提起的投资仲裁在 ICSID 立案。此前，华为于 2020 年 12 月 31 日向瑞典总理递交了争端通知，于 2022 年 1 月 7 日向 ICSID 仲裁提交了仲裁申请书。该案系依据《中华人民共和国政府和瑞典王国政府关于相互保护投资的协定》及两国于 2004 年就上述协定签订的议定书［中国—瑞典 BIT（1982）及 2004 年议定书］提起。[②]

根据华为提交的仲裁申请书，2020 年 10 月，瑞典邮政和电信管理局作出决定，要求参与 5G 竞拍的运营商不得在 5G 网络中使用华为或中兴的设备和服务，并需要在限定期限内从其 3G 和 4G 网络中移除华为或中兴的设备和服务。华为的瑞典子公司于 2020 年 11 月在斯德哥尔摩行政法院提起诉讼，请求法院撤销瑞典邮政和电信管理局的前述决定，但该诉讼在 2021 年 6 月被驳回；其瑞典子公司随后提起上诉，上诉法院在 2021 年 10 月 8 日作出准予复核的决定。华为在仲裁申请书中表示，无论上诉法院的复核结果如何，华为作为中国投资者，其已因瑞典当局将华为移出 5G 服务供应商的措施而遭受了严重损失。

华为认为，瑞典政府上述非透明的歧视性措施剥夺了华为在瑞典长期“投

---

① 本节内容主要来自 ICSID 官网以及华为提交的仲裁申请和仲裁通知，见 Huawei Technologies Co., Ltd. v. Kingdom of Sweden（ICSID Case No. ARB/22/2）https://icsid.worldbank.org/cases/case-database/case-detail?CaseNo=ARB/22/2；https://jusmundi.com/en/document/other/en-huawei-technologies-co-ltd-v-kingdom-of-sweden-request-for-arbitration-friday-7th-january-2022#other_document_23159。

② 中国—瑞典 BIT（1982）是中国签订的第一份双边投资协定，仅规定了国家间争端解决事项，未规定投资者与东道国之间的争端解决条款。2004 年，中国和瑞典签订了 2004 年议定书，规定在一国投资者提出书面争端通知三个月后争端仍未解决的情况下，投资者可以将“有关投资的任何争端”提交 ICSID 仲裁或临时仲裁。

资”的权益，违反了中国—瑞典BIT（1982）下的最惠国待遇、[①]公平公正待遇以及征收条款，并据此主张瑞典政府就其全部损失（包括华为在瑞典损失的利益和经营机会）作出“充分赔偿”、支付全部仲裁费用以及华为的律师费等相关开销，以及前述所有费用的利息。

截至2022年3月31日，该案尚在组庭阶段，法国籍仲裁员Jane Willems已接受华为指定担任仲裁庭成员，被申请人尚未指定仲裁员。

四、中国国内的外商投资立法

在经历新冠病毒疫情对经济结构和贸易、投资的冲击后，全球经济呈缓慢复苏形势。中国是2020年在全球主要经济体中唯一实现经济正增长的国家，2021年中国经济持续改善，逐步形成以国内大循环为主体、国内国际双循环相互促进的新发展格局。2021年，我国颁布了《中华人民共和国反外国制裁法》《中华人民共和国数据安全法》等多部涉及国家安全的法律；商务部等部门发布了投资协定参考指南、外商投资准入特别管理措施等文件以及在自贸区（港）颁布一系列法律及其配套措施，使得我国有关投资的法律体系和法治建设更加完善。

（一）我国外商投资立法活动及相关司法解释

1.《中华人民共和国反外国制裁法》生效[②]

《中华人民共和国反外国制裁法》（以下简称《反外国制裁法》）于2021年6月10日公布并生效，这是中国正式将“反制裁”这种行政手段以法律的形式进行规定。该法的颁布和实施完善了我国涉外法律体系，有效提升了我国应对外部风险挑战的法治能力，为境内的企业和组织创造了更好更安全的营商环境，是促进外商投资、扩大对外开放的有力法治保障。

《反外国制裁法》全文共16条，确立了坚决反对别国干涉我国内政、维护我国主权和保护我国公民利益的原则。该法第4条、第5条规定了反制的

---

① 根据仲裁申请，华为基于中国—瑞典BIT（1982）的最惠国待遇条款引入了中国香港特别行政区与瑞典于1994年5月27日签订的双边投资协定的第3条（国民待遇条款），并主张瑞典政府的行为违反了国民待遇。

② 《中华人民共和国反外国制裁法》全文请见：http://www.npc.gov.cn/npc/c30834/202106/d4a714d5813c4ad2ac54a5f0f78a5270.shtml。

主体，其将直接或者间接参与制定、决定、实施本法第3条规定的歧视性限制措施的个人、组织列入反制清单。除此之外，反制主体也可以包括：列入反制清单个人的配偶和直系亲属；列入反制清单组织的高级管理人员或者实际控制人；由列入反制清单个人担任高级管理人员的组织；由列入反制清单个人和组织实际控制或者参与设立、运营的组织。该法第6条规定了一系列反制措施，包括：不予签发签证、不准入境、注销签证或者驱逐出境；查封、扣押、冻结在我国境内的动产、不动产和其他各类财产；禁止或者限制我国境内的组织、个人与其进行有关交易、合作等活动以及其他必要措施。其中“其他必要措施”这一兜底条款的规定有利于应对复杂的国际局势，采取其他灵活有效的应对措施以及为了和其他法律规定相衔接，能充分发挥“工具箱”的作用。《不可靠实体清单规定》中规定的对列入不可靠实体清单的外国实体采取的限制或禁止在中国投资、实施罚款、限制或取消其相关人员在中国境内的工作许可等措施均属于该条规定的“其他必要措施”。

《反外国制裁法》的出台将对相关主体产生重要影响，其对外商投资企业的影响尤为明显。外国的贸易制裁规定可能违反《反外国制裁法》第3条有关“歧视性限制措施”的规定，境外公司若被所在国政府要求执行这些贸易制裁规定，将导致在中国境内的外商投资企业受到牵连，从而成为反制对象，影响企业经营。因此，有关企业应对《反外国制裁法》加以重视并且应做好尽职调查工作。

2.《中华人民共和国个人信息保护法》生效[①]

2021年11月1日《中华人民共和国个人信息保护法》（以下简称《个人信息保护法》）正式生效并实施。《个人信息保护法》全文共8个章节，74个条款，其确立了个人信息保护处理等规则。该法的出台使个人信息更加安全，也在极大程度上提高了企业对处理个人信息安全合规的要求，给处理个人信息的企业特别是外国投资者等市场参与者戴上“紧箍”。

首先，《个人信息保护法》对境内企业尤其是外资企业的信息跨境传输及使用提出了更高的合规性要求。该法第39条明确了个人信息处理者向境外提供个人信息的，需向本人告知及取得其同意的规则。由于外商投资企业其自身独特的属性，对个人信息的跨境传输有先天的客观需要。外商投资企业在

① 《中华人民共和国个人信息保护法》全文请见：http://www.npc.gov.cn/npc/c30834/202108/a8c4e3672c74491a80b53a172bb753fe.shtml。

工作过程中会在人事及其他系统中录入员工的具体信息，但这些系统本质上可能由国外的母公司等控制，或者服务器在国外。那么，当外资企业录入员工信息的时候也就发生了个人信息的跨境传输。对于此类情况，需根据该法第39条的规定取得员工的单独同意，并且企业应当在事前根据该法第40条进行个人信息保护影响评估；此外，根据《个人信息保护法》第38条第1款的规定，外商投资企业还需要具备一定条件即需要按照国家网信部门的规定经专业机构进行个人信息保护认证或者按照国家网信部门制定的标准合同与境外接收方订立合同。由此可见，外资企业面临着相较于以前更高的信息跨境传输的合规性要求。随着要求的提高，企业还需要面临投入更高的成本去维护信息，包括对员工进行合规培训、后台信息安全系统的升级等。

其次，《个人信息保护法》加大了企业特别是外资企业获得、积累数据的难度。《个人信息保护法》以第14条为基础构建了“告知—同意”的个人信息处理规则，数据的获取需要遵循该规则；第16条规定不得以个人不同意处理其个人信息或者撤回同意为由拒绝提供产品或者服务，这大大限制了企业采集数据的能力和规模；此外，第15条规定，个人有权撤回其同意、保存期限应当为实现处理目的所必要的最短时间。这意味着企业实现数据沉淀的难度加大。

由于《个人信息保护法》对个人信息的跨境传输、存储等提出了更高的要求，当外资企业对个人信息进行违规操作后，将会面临违法后的处罚，可能引发争端，此时外资企业可能会通过提起投资仲裁来解决争端。

3.《中华人民共和国数据安全法》生效[①]

《中华人民共和国数据安全法》（以下简称《数据安全法》）于2021年9月1日正式生效。《数据安全法》是我国在数据安全领域中的基本法，为数据安全治理构建了基本框架，全文总共7个章节，55个条款。

数据可以通过各种形式进行交易从而产生一定的价值，因此可以构成投资。《数据安全法》中明确了保护个人、组织与数据相关的权益。此外，《数据安全法》第19条和第33条提到了数据交易及相关机构并对数据交易规则做了初步规范，为数据资产交易提供了一个好的开端。但是在数据确权方面，该法并未对数据所有者、使用者、加工方所拥有的权利进行规定。

---

① 《中华人民共和国数据安全法》全文请见：http://www.npc.gov.cn/npc/c30834/202106/7c9af12f51334a73b56d7938f99a788a.shtml。

《数据安全法》第 31 条区分了关键信息基础设施的运营者和其他数据处理者收集和产生的重要数据的出境安全管理：关键信息基础设施运营者在境内收集和产生的重要数据的出境按照《网络安全法》的规定适用；而其他数据处理者在境内运营中收集和产生的重要数据的出境，由国家网信部门会同国务院有关部门制定。其中关键信息基础设施的运营者包括电信、交通等。对于外资企业来说，该规定意味着需要将重要数据进行本地化处理，并且这些重要数据还要在跨境转移时受到中国的出口控制，这将对外资企业在中国的业务产生重大影响。

除此之外，《数据安全法》的颁布还将给在中国的外资企业带来更多的挑战。中国的外资企业可能被要求向其投资者母国提供数据，外资企业如果未经主管机关批准提供数据则会违反《数据安全法》第 36 条的规定，但如果不提交则会存在违反其母国相应的法律的可能。以美国为例，美国颁布的《澄清境外数据的合法使用法案》（the Clarifying Lawful Overseas Use of Data Act，the CLOUD Act）赋予了美国执法机构要求计算机服务提供商提供处于其控制下的电子数据的权利，不论其数据储存于美国境内还是境外，其适用范围可以延及我国境内。《数据安全法》可以有效地阻止企业向美国执法机构传输任何此类数据，此时，外资企业也或将面临来自美国或中国的处罚或不利判决。在上述情况下，如果外资企业不满我国的判罚，投资仲裁的数量也或将随之提升。

4.《中华人民共和国仲裁法（修订）（征求意见稿）》发布[①]

中华人民共和国司法部在 2021 年 7 月 30 日发布了《中华人民共和国仲裁法（修订）（征求意见稿）》（以下简称《征求意见稿》）。现行《仲裁法》颁布于 1994 年，其存在仲裁范围过于狭窄、仲裁机构性质不明确、现行规定与发展中的国际仲裁衔接不够等问题。相比于现行《仲裁法》，《征求意见稿》对第 2 条进行了两处重要修改，从而扩大了仲裁适用的范围。《征求意见稿》围绕上述等问题做出了进一步的修改，未来这些修改条款的生效对于投资仲裁或将产生重要的影响。

第一，《征求意见稿》将原先第 2 条“平等主体”这一限制删除。平等主体这一表述明确将投资仲裁排除在仲裁之外。投资仲裁解决的是外国投资者与东道国之间的争端，其主体分别是投资者（自然人、法人和其他组织）和东道国

---

① 《中华人民共和国仲裁法（修订）（征求意见稿）》起草公告请见：http://www.moj.gov.cn/pub/sfbgw/zlk/202107/t20210730_432965.html。

（主权国家），这样的两方主体很难被视为平等主体。这不仅限制了我国仲裁机构从事投资仲裁相关活动，也使外国投资者在我国进行投资仲裁活动的合法性存疑，从而阻碍了投资仲裁在我国的发展。虽然在实践活动中，中国国际经济贸易仲裁委员会（CIETAC）和北京仲裁委员会（BAC）等仲裁机构已经通过其仲裁规则明确可以受理投资仲裁案件，但是仲裁机构从事投资仲裁相关活动缺少明确的法律依据。《征求意见稿》第2条删除"平等主体"的要求，将投资争端涵盖在可以仲裁的范围内，将为我国仲裁机构管理投资仲裁、投资者在我国进行投资仲裁提供明确的法律依据，促进投资仲裁在我国的发展。

第二，《征求意见稿》将第2条原先的"公民"修改为"自然人"。"公民"通常指具有中国国籍的自然人，而"自然人"这一概念更加宽泛，能更准确地涵盖中国及境外的主体。修改后能够使仲裁适用的对象范围更广，为外国投资者提供更多机会，以其选择的方式解决纠纷。

《征求意见稿》的另一修改亮点是在第91条、第92条、第93条增加了"专设仲裁庭"的相关规定，即"临时仲裁"。其中第91条中规定了临时仲裁的制度，但同时将其适用范围限制在"具有涉外因素的商事纠纷"中；第92条规定了临时仲裁庭的组成、回避等程序；第93条规定了仲裁庭需将裁决书等提交至法院备案。相较于机构仲裁，临时仲裁具有程序灵活、争端处理更迅速等优点，当事人还可以实现最大限度的意思自治，完全自由地选择适用的程序和规则，作为一种争端解决方式已经获得广泛认可。现行《仲裁法》中没有关于临时仲裁的规定，被广泛视为临时仲裁在中国不被认可的标志。鉴于临时仲裁是国际投资仲裁的重要形式，中国不认可临时仲裁也被认为是对于国际投资仲裁"欠缺友好"。本次《征求意见稿》确立了临时仲裁制度，意味着以临时仲裁方式进行的投资仲裁案件可能选择中国作为仲裁地，在一定程度上增强我国对外资的吸引力。

5.《中国的出口管制》白皮书首次发布[①]

国务院新闻办公室于2021年12月首次发布了《中国的出口管制》白皮书（以下简称白皮书），白皮书涉及中国对于出口管制的基本立场、完善出口管制法律制度和管理体制、持续推进出口管制体系现代化以及积极开展出口

① 《中国的出口管制》白皮书发布的公告请见：http://www.scio.gov.cn/zfbps/32832/Document/1718300/1718300.htm。

管制和国际交流与合作这四个方面。

白皮书重点介绍了四个方面：第一，优化许可管理，广泛采取国际通行的许可证管理、最终用户和最终用途证明、通用许可等制度，建立跨部门许可会商制度和两级管理模式，不断完善许可流程，丰富许可证管理种类，提升许可管理水平，有力促进出口管制物项合规贸易，优化高水平对外开放下的营商环境；第二，提升执法能力，不断完善出口管制执法机制，有效打击出口管制违法活动，保障出口管制法律法规得到严格实施；第三，推进合规建设，坚持“政府引导、企业为主、多方联动”的原则，推动出口管制合规建设取得积极成效；第四，履行国际义务，切实担当大国责任，坚定维护有关国际条约的权威性和有效性，在核、生物、导弹、军品等领域严格履行有关义务和承诺，维护国际和地区和平稳定。

白皮书虽然明确扩大了管制物项的涵盖范围，对中外企业提出了更高的出口管制合规要求，但是同时它也帮助外资企业明确我国在管制范围、管制措施方面的规定，有助于出口贸易。白皮书还积极引导企业建立内部合规制度，减少安全风险，有助于外资企业更好地出口。总体而言，白皮书将便利外资企业在我国的发展，更好发挥外资在我国经济发展中的作用。

6. 国务院办公厅印发《关于加快发展外贸新业态新模式的意见》[①]

《关于加快发展外贸新业态新模式的意见》（以下简称《意见》）于 2021 年 7 月初发布，总体要求以供给侧结构性改革为主线，深化外贸领域“放管服”改革，推动外贸领域各方面创新，拓展外贸发展空间，提升外贸运行效率，保障产业链供应链畅通运转，推动高质量发展。

《意见》共有五个重点：一是积极支持运用新技术新工具赋能外贸发展。鼓励传统外贸企业、跨境电商和物流企业等参与海外仓建设。二是持续推动传统外贸转型升级。提升传统外贸数字化水平，支持中小微企业创业创新。优化市场采购贸易方式政策框架，提升市场采购贸易方式便利化水平。三是深入推进外贸服务向专业细分领域发展。进一步支持外贸综合服务企业健康发展。提升保税维修业务发展水平，支持综合保税区、自贸试验区内企业开展保税维修。支持有条件的地方发展离岸贸易。支持外贸细分服务平台发展壮大，鼓励外贸

① 《关于加快发展外贸新业态新模式的意见》的公告请见：http://www.gov.cn/zhengce/content/2021-07/09/content_5623826.htm。

企业自建独立站。四是优化政策保障体系。创新监管方式，落实财税政策，优化相关税收环境。加大金融支持力度，加大出口信用保险对海外仓等外贸新业态新模式的支持力度。便捷贸易支付结算管理，深化贸易外汇收支便利化试点。五是营造良好环境。维护良好外贸秩序，探索建立信用评价体系，保护公平竞争。深化国际交流合作，积极参与外贸新业态新模式的国际规则和标准制定，加强知识产权保护、跨国物流等领域的国际合作。

《意见》坚持开放合作，统筹国内国际两个市场、两种资源，坚持互利共赢开放战略，促进贸易和投资自由化便利化，在未来将形成一批具有国际竞争力的行业龙头企业和产业集群。其中，便捷贸易支付结算管理更是能够鼓励外资机构参与中国支付服务市场的发展与竞争等。

（二）商务部等部门关于外资管理的重要立法活动

1. 商务部发布《企业利用投资协定参考指南》[①]

2021 年 6 月 28 日，商务部发布了《企业利用投资协定参考指南》（以下简称《参考指南》），旨在帮助有需要的企业了解投资协定相关内容，并逐步掌握如何理解、运用投资协定的相关条款以维护自身权益。该指南主要包括以下内容：中国缔结投资协定的查询途径；投资协定涵盖的投资、投资者；投资协定通常为企业提供的待遇和保护；企业如何利用 ISDS 机制；企业在投资仲裁中需要做的准备以及在日常经营中的注意事项等。对于企业争端解决部分，《参考指南》主要提出了以下的关注要点：

第一，有关企业利用投资协定中 ISDS 机制的方式。东道国违反投资协定义务，导致投资遭受损失的，企业一般可以依据所适用的投资协定与东道国政府磋商或提起国际投资仲裁维护自身合法权益。有意提起国际仲裁，企业首先要判断是否符合所适用的投资协定所规定的提起国际仲裁的条件，主要包括：（1）投资者的投资是否属于协定保护的投资；（2）投资者自身是否有提起仲裁的资格；（3）东道国是否违反了投资协定中的义务。除此之外，特别需要注意的条款包括：就国际仲裁和国内救济的关系而言，一些投资协定规定企业在与东道国发生投资争端后，须先寻求东道国行政复议或司法程序解决争端，如无法解决方可提起国际仲裁。还有一些投资协定规定企业可以选择通过东道国司

---

① 《企业利用投资协定参考指南》发布的公告请见：http://www.mofcom.gov.cn/article/zwgk/zcfb/202106/20210603162407.shtml。

法系统处理或提起国际仲裁，但应注意该选择可能为终局性的，后续不可再行变更；就可提交国际仲裁的事项范围而言，企业应注意确认，依据所适用的投资协定，是否任何投资争端都可以提请国际仲裁，或者仅违反协定中特定条款的争端可以提请国际仲裁；就提交国际仲裁前的磋商要求而言，企业决定提起国际仲裁，应注意所适用的投资协定是否要求企业在提起仲裁前必须先与东道国进行磋商；就仲裁请求权的时效问题。企业应注意所适用的投资协定是否有对投资争端诉讼时效的规定。如有意提起国际投资仲裁，要及时行使权利。

就投资仲裁机构选择的问题，中国企业可以选择所适用的投资协定规定的仲裁机制之一提起仲裁，通常可以选择向 ICSID 提起仲裁，或者选择适用贸法会规则通过设立专设仲裁庭的方式提起仲裁。选择不同仲裁规则，在程序时限、举证规则、透明度、仲裁费用、裁决执行等方面均可能不同。选择向 ICSID 提起仲裁，还应符合《关于解决国家与其他国家国民之间投资争端公约》（以下简称《华盛顿公约》）的要求。

第二，有关投资仲裁裁决的执行问题。投资仲裁是解决投资争端的重要手段之一。如投资者最终胜诉，东道国一般会主动履行投资仲裁裁决。对于 ICSID 作出的仲裁裁决，《华盛顿公约》的缔约方有义务执行；适用其他仲裁规则作出的裁决，一般可以根据《承认及执行外国仲裁裁决公约》（以下简称《纽约公约》）规定的执行程序执行。

第三，有关企业提起投资仲裁的准备工作。投资仲裁是一项法律专业性极强的工作，通常当事方会聘请有相关经验的律师提供专业法律服务。以 ICSID 仲裁为例，通常一个仲裁要历经申请、受理、组成仲裁庭、管辖权裁定、实体裁决等程序；部分案件还可能历经撤销裁决、执行等程序。当事方除了要支付相应的律师费、仲裁费之外，要在各个环节，参与包括选择仲裁机构、指定仲裁员、确定仲裁策略、提交相关证据、参加听证会、配合仲裁庭调查等。通常一套完整的仲裁程序要进行数年，企业也可选择通过与东道国政府协商的方式解决争端，不少投资争端在提起仲裁后最终仍通过协商解决。

2. 商务部、生态环境部联合发布《对外投资合作绿色发展工作指引》[①]

为全面贯彻新发展理念，推动绿色发展，2021 年 7 月商务部、生态环境

① 《对外投资合作绿色发展工作指引》发布的公告请见：http://www.mofcom.gov.cn/article/news/202107/20210703176325.shtml。

部联合印发了《对外投资合作绿色发展工作指引》（以下简称《工作指引》）。《工作指引》列出了推动绿色生产和运营、推进绿色技术创新、防范生态环境风险、遵循绿色国际规则、优化绿色监管服务和提升绿色发展信誉等十项新时期推动对外投资合作绿色发展的重点工作。

《工作指引》指出，绿色发展是可持续发展的必要条件。当前，世界多国把绿色作为科技革命和产业变革的重要方向，国际贸易投资中的绿色规则加速演进，对外投资合作只有践行绿色发展理念，才能成为提升国内国际双循环质量的重要支撑，才能在开放发展中发挥关键作用，才能在国际合作与竞争中赢得主动。《工作指引》还提出，要在对外投资合作过程中，推动绿色生产和运营，建设绿色基础设施，打造绿色境外经贸合作区，推进绿色技术创新，推动企业主体绿色转型，遵循绿色国际规则，鼓励和引导走出去企业提高绿色发展意识，严格保护生态环境，与东道国携手共建清洁美丽世界。《工作指引》适用于中国企业对外投资合作过程中推进绿色发展相关活动，同时适用于地方商务主管部门和生态环境部门对企业开展对外投资合作进行相关指导和服务，有关单位可在工作中参考。

《工作指引》并无关于ISDS或争端解决的相关规定，但考虑到近年来，各国采取的环境保护措施常常成为外国投资者提起投资仲裁的理由，我国相关政府机构在依照《工作指引》制定和执行相关措施时应采取谨慎态度。

3.《外商投资准入特别管理措施（负面清单）（2021年版）》①

近年来，我国深入推进高水平对外开放，不断放宽外资准入。2020年1月，外商投资法及实施条例施行，对外资全面实行准入前国民待遇加负面清单管理制度，加强外商投资促进工作，保护外商投资合法权益，优化外商投资环境。国家发展和改革委员会（以下简称国家发改委）和商务部发布的《外商投资准入特别管理措施（负面清单）（2021年版）》（以下简称《外资准入负面清单》）进一步缩短了长度，完善了管理制度，提高了精准度。全国负面清单进一步缩减至31条，压减比例为6.1%。其主要变化有：

第一，进一步深化制造业开放。汽车制造领域，取消乘用车制造外资股比限制以及同一家外商可在国内建立两家及两家以下生产同类整车产品的合

① 《外商投资准入特别管理措施（负面清单）（2021年版）》发布的公告请见：http://www.mofcom.gov.cn/article/zcfb/zcwgtz/202112/20211203231965.shtml。

资企业的限制；广播电视设备制造领域，取消外商投资卫星电视广播地面接收设施及关键件生产的限制，按照内外资一致原则管理。本次修订，实现了自贸试验区负面清单制造业条目清零。

第二，提高外资准入负面清单精准度。值得投资者注意的是，在《外资准入负面清单》说明部分增加“从事《外商投资准入负面清单》禁止投资领域业务的境内企业到境外发行股份并上市交易的，应当经国家有关主管部门审核同意”。同时，境外投资者不得参与企业经营管理，其持股比例参照境外投资者境内证券投资管理有关规定执行，由证监会和有关主管部门按规定对从事负面清单禁止领域业务的境内企业到境外上市融资实行精准化管理。这一增加部分为从事负面清单禁止投资领域业务的境内企业到境外上市提供了政策空间，是一项提高外资准入负面清单管理精准度、包容性的具体举措。

第三，优化外资准入负面清单管理。根据《外商投资法实施条例》，在《外资准入负面清单》说明部分增加“外商投资企业在中国境内投资，应符合《外商投资准入负面清单》的有关规定”；为做好《外资准入负面清单》与《市场准入负面清单》衔接，在《外资准入负面清单》说明部分增加“境内外投资者统一适用《市场准入负面清单》的有关规定”。

《外资准入负面清单》将于2022年1月1日施行。现行规定需要调整的，由有关部门按程序于2年内完成相关调整工作。国家发改委将会同商务部等部门、各地方，严格按照外商投资法及实施条例要求，切实做好《外资准入负面清单》落实工作，确保新开放措施及时落地。对于负面清单之外的领域，按照内外一致的原则管理，给予外商投资企业国民待遇。同时，将做好新开放领域风险防控工作，维护国家安全。

4.《“十四五”服务贸易发展规划》①

为贯彻落实《中共中央关于制定国民经济和社会发展第十四个五年规划和二〇三五年远景目标的建议》和《中华人民共和国国民经济和社会发展第十四个五年规划和2035年远景目标纲要》，推动服务贸易高质量发展，商务部等24个部门制定了《“十四五”服务贸易发展规划》（以下简称《服务贸易发展规划》），并于2021年10月13日印发。服务贸易是国家贸易的重要组成

① 《“十四五”服务贸易发展规划》发布公告请见：http://www.mofcom.gov.cn/article/zcfb/zcfwmy/202110/20211003209143.shtml。

部分和国际经贸合作的重要领域，服务贸易日益成为构建新发展格局、培育国际合作和竞争新优势的重要力量。

为了使“中国服务”在全球价值链中的地位显著提升，《服务贸易发展规划》主要提出以下几点要求：第一，扩大外资准入领域，健全准入前国民待遇加负面清单管理制度，进一步缩减外资准入负面清单。第二，建立健全跨境服务贸易负面清单管理制度。第三，推进服务贸易创新发展试点开放平台建设。第四，完善数字贸易促进政策，加强制度供给和法律保障。第五，加快发展新兴服务贸易，推动人民币跨境支付系统（CIPS）功能升级完善，促进跨境支付便利化。第六，充分利用RCEP、《中欧全面投资协定》等，推动与主要国家地区进一步深化服务贸易重点领域合作。开展国际高水平自由贸易协定规则对接先行先试，做好积极推进加入CPTPP进程服务贸易领域工作，拓展和提升东部地区服务贸易，打造京津冀服务贸易集聚区、长三角服务贸易集聚区、粤港澳大湾区服务贸易集聚区。

该文件对于我国外国企业对华投资及我国企业对外投资将产生重要影响。一方面，该文件提出将支持国内金融机构建立健全境外分支机构和服务网络，促进跨境支付便利化，鼓励依托境外各类经贸平台载体建设境外服务贸易促进中心等，这有利于我国企业开拓国际市场，提升服务贸易国际交流和合作的水平。另一方面，该文件扩大了外资准入领域，在全国推进实施跨境服务贸易负面清单，提升自主开放水平，有序减少跨境交付、境外消费、自然人移动模式下服务贸易限制措施，有助于进一步吸引外资。

5.《“十四五”利用外资发展规划》①

面对当前错综复杂的国际形势，特别是新冠病毒疫情的严重冲击，商务部于2021年10月12日印发了《“十四五”利用外资发展规划》（以下简称《外资规划》）。《外资规划》主要从七个方面提出对外资管理和外资营商环境的优化：第一，推进更高水平对外开放；第二，优化利用外资结构；第三，强化开放平台功能；第四，提升外商投资促进服务水平；第五，完善外商投资管理体制；第六，优化外商投资环境；第七，促进国际投资便利化。

其中，与投资争端解决相关的政策主要鉴于第五方面和第六方面。《外资

① 《“十四五”利用外资发展规划》发布公告请见：http://www.mofcom.gov.cn/article/zwgk/gkzcfb/202110/20211003210174.shtml。

规划》一方面加强外资监管，健全外商投资国家安全审查制度，全面落实《外商投资安全审查办法》全面保障外商投资公平待遇；另一方面也要求落实《外商投资企业投诉工作办法》，完善外商投资企业投诉工作机制，及时处理外商投资企业投诉事项。这些政策的正确实施不但有助于营造更好的营商环境，也有助于消弭潜在的投资争端。

（三）自贸区相关法律法规

1.《中华人民共和国海南自由贸易港法》生效[①]

2021年6月10日，第十三届全国人民代表大会常务委员会第二十九次会议通过《中华人民共和国海南自由贸易港法》（以下简称《海南自由贸易港法》），该法自公布之日起正式实施。该法全文共8章，57条，含贸易自由便利、投资自由便利、财政税收制度、生态环境保护等内容。该法进一步将贸易投资自由化、便利化上升到法律层面，以贸易投资自由化、便利化为重点，进行了各项制度设计。

《海南自由贸易港法》第2章、第3章对贸易自由便利、投资自由便利作出规定。依据该法规定，国家在海南岛全岛设立海南自由贸易港，分步骤、分阶段建立自由贸易港政策和制度体系，实现贸易、投资、跨境资金流动、人员进出、运输往来自由便利和数据安全有序流动。在贸易自由化便利化方面规定了“一线放开、二线管住”的货物贸易监管模式，对负面清单之外的跨境服务贸易，按内外一致原则管理；在投资自由化便利化方面，全面推行极简审批投资制度，完善投资促进和投资保护制度，强化产权保护，适用专门的外商投资准入负面清单和放宽市场准入特别清单，逐步实施市场准入承诺即入制，在投资领域给予更大的便利；在与投资贸易相适应的税制方面，按照简税制、零关税、低税率的原则进行与海南自由贸易港建设相适应的税制体系。

在争端解决方面，《海南自由贸易港法》并没有就国际投资争端解决作出明确规定，但该法第54条规定，海南自由贸易港建立多元化商事纠纷解决机制，完善国际商事纠纷案件集中审判机制，支持通过仲裁、调解等多种非诉讼方式解决纠纷。多元化纠纷解决机制是营造国际一流自由贸易港法治环境和营商环境的重要制度保障。该机制填补了国际商事调解立法空白，促进了国际商事纠纷源头化解，能够为投资者提供便利并且公正、高效、便捷地解

① 《中华人民共和国海南自由贸易港法》全文请见：http://www.npc.gov.cn/npc/c30834/202106/eec9070dd18e4b0190cd2abb9345442d.shtml。

决纠纷，从而吸引更多的投资者进行投资。

2.《自由贸易试验区外商投资准入特别管理措施（负面清单）(2021年版)》公布[①]

《自由贸易试验区外商投资准入特别管理措施（负面清单）(2021年版)》（以下简称《自贸试验区外资准入负面清单》）已经2021年9月18日国家发改委第18次委务会议审议通过和商务部审签，自2022年1月1日起施行。

该负面清单新增外商投资企业在自由贸易试验区内投资，应符合《自贸试验区外资准入负面清单》的有关规定；从事《自贸试验区外资准入负面清单》禁止投资领域业务的境内企业到境外发行股份并上市交易的，应当经国家有关主管部门审核同意，境外投资者不得参与企业经营管理，其持股比例参照境外投资者境内证券投资管理有关规定执行；市场调查领域取消部分外资准入限制。总体而言，2021年版负面清单放宽了外商投资可进入的行业范围，使外商在各行业投资投产，激活我国行业的发展潜力，也完善了我国对外投资管理制度，提高了管理精准度，间接促进了外商投资。

3.《国家发展改革委关于推广借鉴上海浦东新区有关创新举措和经验做法的通知》发布[②]

《国家发展改革委关于推广借鉴上海浦东新区有关创新举措和经验做法的通知》（以下简称《通知》）于2021年4月17日发布。推广借鉴的主要内容为自由贸易试验区设立后，国务院及有关部委陆续组织复制有关改革创新经验。包括改革系统集成、制度型开放、高效能治理3个方面。总体而言，《通知》颁布的举措，目的在于提升社会管理效率及便利中外企业、通过改善营商环境来吸引投资，加快对外开放步伐，推动我国经济持续健康发展。

五、中国国内与投资争端有关的争端解决

根据《行政诉讼法》《行政复议法》《外商投资法》等有关规定，[③]外国投资者

---

① 《自由贸易试验区外商投资准入特别管理措施（负面清单）(2021年版)》发布公告请见：http://www.mofcom.gov.cn/article/zcfb/zcwgtz/202112/20211203231973.shtml。

② 《国家发展改革委关于推广借鉴上海浦东新区有关创新举措和经验做法的通知》全文请见：https://www.ndrc.gov.cn/xwdt/tzgg/202104/t20210407_1271800.html?code=&state=123。

③ 请见《行政诉讼法》第98条、第99条；《行政复议法》第41条；《外商投资法》第26条；《外商投资法实施条例》第21条、第26条、第30条；《最高人民法院关于适用〈中华人民共和国行政诉讼法〉的解释》第16条。

认为行政机关和行政机关工作人员的行政行为侵犯其合法权益时，可以通过外商投资企业投诉工作机制申请协调解决，还可以依法申请行政复议、提起行政诉讼。

（一）行政诉讼

行政诉讼是中国国内法体系下外国投资者和外商投资企业保护合法权益的重要方式，还与国际投资仲裁紧密关联。不少投资协定规定了“岔路口条款”，即投资者可以在东道国法院诉讼和国际投资仲裁中选择其一解决投资争端，且该种选择具有终局性。换言之，如果投资者选择在国内法院提起诉讼，则不得再将相同争端提交国际仲裁（仲裁庭通常采用“三重同一性”标准，在当事人相同、诉讼标的相同、法律依据相同的情况下适用岔路口条款）。另有一些投资协定则规定，如果投资者已经在国内法院起诉，则需要撤回起诉后才可以诉诸国际仲裁。

笔者暂未见到有关2021年度或以前年度外商投资企业或其投资者提起行政诉讼情况的统计分析。中国裁判文书网检索结果显示，2021年度涉及外商投资企业的判决和裁定数量锐减。在该网站选择“行政案由”、裁判日期截至2021年12月31日，并以“外商投资企业”[①] 作为关键词，可以检索到6068份裁判文书，其中2021年度共69份，为2014年以来最低。与之相比，2020年有文书1391份、2019年1990份、2018年748份。新冠病毒疫情对法律、商业活动等产生的直接和间接影响可能是导致判决/裁定数量降低的重要原因，[②] 此外，外商投资环境不断优化，外资企业投诉工作机制不断健全，外商投资合法权益保护力度不断加大，[③] 也可能对减轻行政诉讼压力起到了一定作用。

就以上6068份裁判文书而言，从省份分布来看，广东省的裁判文书数量最多，高达4399份，其次为北京市（395份）、辽宁省（193份）、山东省（119份）、江苏省（101份）。列前五位的均为东部地区省市，这与中国利用外资的区域布

① 需要说明的是，涉及外商投资企业或其投资者的裁判文书并不必然出现“外商投资企业”一词，含有“外商投资企业”关键词的文书也并不必然是外商投资企业提起诉讼的案件，此方法仅可估算相关案件数量。

② 例如，北京四中院在其2021年度8月发布的《2020年度行政案件司法审查报告》中表示，2020年，受疫情影响，该院行政案件受理数量大幅下降。请见北京四中院网站：https://bj4zy.chinacourt.gov.cn/article/detail/2021/08/id/6200374.shtml，最后访问时间：2022年3月30日。

③ 请见商务部网站：http://www.mofcom.gov.cn/xwfbh/20211230.shtml，最后访问时间：2022年3月30日。

局基本一致。东部地区设立的外商投资企业数量和利用外资的金额一直遥遥领先于中部和西部地区。以2020年为例，东部地区新设外商投资企业数量和实际利用外资金额占全国的比重分别为88.2%和85.4%。[①] 不过，外商投资企业数量和实际利用外资金额均排名全国前列的上海、浙江两省市的裁判文书数量较少，仅36份和85份。从法院级别来看，基层法院3216份、中级法院2490份、高级法院217份、最高法院129份，随着法院层级上升而逐级递减。

对于2021年度的69份文书，涉案争端以商标、专利等知识产权问题为主。[②] 从地域分布来看，北京市的案件数量最多，共有28份判决/裁定，其次为广东省（18份），其他省市自治区均不超过10份；就法院级别而言，基层法院23份、中级法院20份、高级法院26份、最高法院0份。

行政诉讼是外国投资者解决与我国政府纠纷的有效渠道。笔者认为，对外商投资企业或其投资者提起行政诉讼的案件进行归纳、统计、分析，对于掌握外商投资企业或其投资者与行政机关之间的纠纷类型及其成因，进而化解潜在的国际投资争端具有参考价值。

（二）行政复议

行政复议同样在国际仲裁投资中扮演着重要角色。一些双边投资协定将行政复议约定为将争端提交国际投资仲裁的前置条件，只有在完成国内行政复议程序的情况下，才可将争端提交国际仲裁庭。

笔者暂未见到全国范围针对2021年度或以前年度外商投资企业或其投资者申请行政复议的统计分析，部分地区对涉外行政复议情况有所说明。例如，据深圳市政府统计，该市受理过两家外国企业以及多名外国公民提起的行政复议，并表示“越来越多的知名企业和外国人选择行政复议”。[③] 此外，国家

---

① 请见《中国外资统计公报（2021）》，商务部网站：http://images.mofcom.gov.cn/wzs/202111/20211125164038921.pdf，最后访问时间：2022年3月30日。

② 例如，博罗有限公司等与国家知识产权局二审行政判决书，（2021）京行终2005号，裁判日期：2021年4月25日；史麦斯（中山）卫厨有限公司等与国家知识产权局二审行政判决书，（2021）京行终1142号，裁判日期：2021年4月20日；沃尔沃商标控股有限公司等与许瑞欣其他二审行政判决书，（2020）京行终7258号，裁判日期：2021年3月11日；新平衡运动鞋公司等与国家知识产权局二审行政判决书，（2020）京行终6686号，裁判日期：2021年2月9日。

③ 请见深圳市政府网站：http://www.sz.gov.cn/cn/xxgk/zfxxgj/zwdt/content/post_9628182.html，最后访问时间：2022年3月30日。

市场监督管理总局在2021年6月受理了“SERCEL公司不服型式批准结果案”[①]，在10月受理了“理光（中国）投资有限公司不服注册登记结果案”[②]（笔者没有通过公开渠道检索到上述案件的复议决定）。公开信息显示，两家企业似乎均属于外商投资企业。[③]需要说明的是，由于许多政府部门没有在官方网站披露其是否受理了行政复议，以及受理了哪些案件等信息，而且大量公开的行政复议决定隐去了申请人的姓名和名称，因此，有较大可能存在相当数量的外商投资企业或外国投资者提起的行政复议案件无法通过公开检索发现。

考虑到涉外行政复议案件通常具有事实问题复杂、法律问题专业性强等特点，一些地方适时采用灵活创新的方式加以处理，以便更为充分地发挥行政复议的功能。例如，上海市2020年颁布的《上海市外商投资条例》规定，涉及外商投资的重大、复杂、疑难行政复议案件，应当由行政复议委员会审议，并安排熟悉国际经贸投资规则的非常任委员或者专家参与。[④]2022年3月，山东省潍坊市司法局在审理一起涉外行政复议案件中，主动开展溯源审查，不限于被复议行政机关，而是进一步对接被复议行政行为所涉前端行政机关，全面了解案件原委，从而实质性地化解行政争端。[⑤]

同样地，我们认为，对外商投资企业或其投资者申请行政复议的案件进行统计分析，以方便各地区、各部门相互学习借鉴取长补短，整体提升行政复议水平，对于避免国际投资争端具有重要价值。

（三）投诉协调

投诉协调是具有中国特色的外商投资纠纷解决机制，对于避免投资纠纷升级、营造良好投资环境具有重要作用。

---

① 请见国家市场监督管理总局网站：https://www.samr.gov.cn/fgs/hd/fgzx/202110/t20211026_336074.html，最后访问时间：2022年3月30日。

② 请见国家市场监督管理总局网站：https://www.samr.gov.cn/fgs/hd/fgzx/202111/t20211130_337596.html，最后访问时间：2022年3月30日。

③ 请见SERCEL公司官方网站：https://www.sercel.com，最后访问时间：2022年3月30日。

理光（中国）投资有限公司官方网站：https://www.ricoh.com.cn/about/Introduction，最后访问时间：2022年3月30日。

④ 请见上海市商务委员会网站：https://sww.sh.gov.cn/swdt/20201012/1fbecfc2d2264e6db9f7c0c00fb9eb20.html，最后访问时间：2022年3月30日。

⑤ 请见新华网：http://sd.news.cn/sd/2022-03/02/c_1128430251.htm，最后访问时间：2022年3月30日。

根据《外商投资法》第26条和《外商投资法实施条例》，商务部于2020年先后发布《外商投资企业投诉工作办法》、《全国外商投资企业投诉中心办事指南》以及《全国外商投资企业投诉工作机构名录》，并要求各省（区、市）建立健全外商投资企业投诉工作机制。[①] 在商务部指导下，各省市相继出台了本地区投诉工作办法。根据商务部投资促进事务局统计，截至2021年8月，全国27个省市及新疆生产建设兵团完成了本地区外商投诉工作办法的制定或修订。[②]

其中，北京市商务局于2021年9月印发《北京市外商投资企业投诉工作管理办法（修订）》，[③] 对此前适用的2019年《北京市外商投资企业投诉工作管理办法》进行以下三个方面的修订：一是将投诉人反映本市投资环境方面存在的问题、建议完善有关政策措施的行为，纳入投诉受理内容；二是进一步明确了市级投诉机构负责涉及市政府有关部门、区政府（含开发区管委会）的事项，区级投诉机构负责涉及各区政府（开发区管委会）有关部门、乡镇人民政府和街道办事处的事项，取消了2019年版关于上一级投诉工作机构向下一级转交投诉的规定；三是作出与商务部投诉工作办法保持一致的细节性修改。[④]

此外，2022年1月，广东省人大常委会表决通过《广东省外商投资权益保护条例》，[⑤] 这是全国首个以地方性法规形式出台的外商投资权益保护条例。[⑥]

---

① 《外商投资企业投诉工作办法》，请见商务部网站：http://www.mofcom.gov.cn/article/b/f/202008/20200802996409.shtml，最后访问时间：2022年3月30日。

《全国外商投资企业投诉中心办事指南》和《全国外商投资企业投诉工作机构名录》，请见商务部网站：http://www.mofcom.gov.cn/article/news/202009/20200903005428.shtml，最后访问时间：2022年3月30日。

《关于请完善外商投资企业投诉相关工作制度的函》，请见商务部网站：http://www.mofcom.gov.cn/article/b/f/202010/20201003006978.shtml，最后访问时间：2022年3月30日。

② 请见商务部投资促进事务局网站：https://fdi.mofcom.gov.cn/questionDetial.html?id=44053，最后访问时间：2022年3月30日。

③ 请见北京市人民政府网站：http://www.beijing.gov.cn/zhengce/zhengcefagui/202109/t20210929_2505528.html，最后访问时间：2022年3月30日。

④ 请见北京市人民政府网站：http://www.beijing.gov.cn/zhengce/zcjd/202109/t20210929_2505537.html，最后访问时间：2022年3月30日。

⑤ 请见广东省人大常委会网站：http://www.rd.gd.cn/xwdt/202201/t20220117_185579.html，最后访问时间：2022年3月30日。

⑥ 请见商务部投资促进事务局网站：https://fdi.mofcom.gov.cn/questionDetial.html?id=44653，最后访问时间：2022年3月30日。

该条例进一步明确了广东省人民政府商务主管部门以及地级以上市、县级人民政府指定的部门或者机构分级负责协调、处理相关投诉事项的工作职责，提出了5个工作日内决定是否受理、20个工作日内办结的工作时限，并严格规定了外资权益保护工作直接责任人依法履职的责任。

笔者暂未见到全国范围内针对2021年度或以前年度外商投资企业或其投资者投诉的统计分析，部分省区市商务主管部门对相关情况有所说明。例如，重庆市商务委表示，2021年度，重庆创建外商投资企业智慧服务云平台，建立外商投资市场主体线上投诉专用通道和线上数据库，为外商投资企业提供“一键即达”线上服务，实现与“互联网＋政府督查”连接，共处理投诉协调案件141件次。① 根据相关报道，2021年，山东省泰安市针对泰山啤酒等8家外资企业“限电”问题，联合能源、环保等部门开展外商投诉协调，该市全年外商投诉协调案件处置率和满意率达到100%。② 安徽省在2021年出台外商投资企业投诉工作办法，设立外资投诉机构161个。③

六、中国与ISDS改革

（一）中国与联合国贸法会ISDS改革进程

联合国国际贸易法委员会（以下简称贸法会）第三工作组于2017年开始就投资者与国家间争端解决制度（ISDS）可能的改革展开讨论，目前正处于其任务的第三阶段，即制定ISDS改革的可行解决途径。截至目前第三工作组已总共召开41届会议，主要探讨了与建立咨询中心、审裁员行为守则、对第三方资助的监管、预防和减少争端以及替代性争端解决手段、缔约国的条约解释、费用担保、处理无意义索赔的手段、多重诉讼和反诉、反映损失和股东索赔、上诉和多边法院机制以及ISDS法庭成员的遴选和任命等议题有关的具体改革方案。2021年，第三工作组召开了第40届会议及其续会和第41届会议。

---

① 请见重庆市政府网站：http://cq.gov.cn/ywdt/zwhd/bmdt/202202/t20220207_10371130.html，最后访问时间：2022年3月30日。

② 请见中国新闻网：http://www.sd.chinanews.com.cn/2/2021/1116/81142.html，最后访问时间：2022年3月30日。

③ 安徽省发改委网站：http://fzggw.ah.gov.cn/ywdt/ztzl/ahswdfzxdjh/gzdt/kf/146483811.html，最后访问时间：2022年3月30日。

- 第40届会议于2021年2月8日至12日举行，会议主要讨论的改革主题包括：上诉机制和执行问题以及ISDS仲裁庭成员的遴选和任命。关于原拟讨论的审裁员行为守则草案，由于其他议题占用时间过多，拟择时另行讨论。①
- 第40届会议的续会于2021年5月4日至5日举行，讨论为投资争端解决机制改革增加行政资源的问题。②
- 第41届会议于2021年11月15日至19日举行，会议主要讨论的主题为：ICSID与贸法会秘书处联合制定的《国际投资争端审裁员行为守则草案》（第三版）（以下简称《行为守则》）；2021年9月2日至3日，在韩国举行了第四次闭会期间会议，讨论了程序规则改革和跨领域问题；2021年10月28日至29日，在中国香港举行了第五次闭会期间会议，主要讨论了在投资人与国家间争端解决中使用调解的相关问题。③

同时，贸法会秘书处在2021年举办了8次网络研讨会，分别就法官的遴选和任命、多边咨询中心、国际投资争端审裁员行为守则草案、多边常设投资法庭、损害赔偿等主题进行了审议。

2021年，贸法会第三工作组主要探讨了如下问题：

1. 上诉机制问题

第三工作组于第40届会议对此主题进行了讨论。在本次会议中，工作组审议了与上诉机制的性质、范围和效力有关的主要问题。工作组指出，上诉机制可以提高投资争端解决法庭所作裁定的准确性和一致性，从而提高投资争端解决的整体可预测性和效率。工作组强调，还应考虑到上诉机制对整个程序的费用和持续时间的潜在影响，确保上诉机制不会导致对案件的每一个方面进行全面的重新审理，也不会导致系统性或无意义上诉，确保案件量可控。

2. ISDS法庭成员的遴选和任命问题

第三工作组于第40届会议对此主题予以讨论。工作组认为，普遍强调当前

---

① Report of Working Group III (Investor-State Dispute Settlement Reform) on the work of its fortieth session, (Vienna, 8-12 February 2021) https://uncitral.un.org/en/working_groups/3/investor-state.

② Report of Working Group III (Investor-State Dispute Settlement Reform) on the work of its resumed fortieth session, (Vienna, 4-5 May 2021) https://uncitral.un.org/en/working_groups/3/investor-state.

③ Report of Working Group III (Investor-State Dispute Settlement Reform) on the work of its forty-first session, (Vienna, 15-19 November 2021), https://uncitral.un.org/en/working_groups/3/investor-state.

基于仲裁的投资争端解决机制中的甄选和指定机制代表了所涉多项利益之间的平衡，保留了当事人意思自治和灵活性，改革努力的重点应该是改善现有的制度，而不是取而代之。其指出，必须由当事各方甄选仲裁员，使用事先确定的仲裁员名单或名册将与仲裁的实质背道而驰，除非是在自愿基础上使用，或者此种名单或名册仅用于指导目的；此外，为避免腐败，还应当重视投资争端解决制度下指定程序的透明度和道德标准。中国在于2019年7月向贸法会第三工作组提交的关于ISDS改革的立场文件（以下简称立场文件）中表示，现有ISDS机制存在仲裁员的专业性和独立性受到质疑等问题。对此，中国认为应保留当事方指定仲裁员的权利，这不仅是国际仲裁核心的、最具吸引力的特征，也是一项受到广泛接受的制度安排，对增强争端当事方特别是投资者的信心具有重要帮助。目前的改革进程与中国立场大体相吻合。

3. 审裁员行为准则问题

第三工作组于第41届会议对此主题进行讨论。2021年9月ICSID与贸法会秘书处联合制定的《行为守则》第三版包含11款条文和1个附件。ICSID和贸法会在不同的“选项”之间提供明确的选择供工作组审议。与第二版相比，《行为守则》第三版有若干变化，包括：澄清该《行为守则》只适用于法官和仲裁员、决定不包括用于仲裁员异议的标准、关于或多或少地禁止兼职的三种选择、关于事先沟通的新规则、重新规定了仲裁员不对其受理的案件进行评论的义务；《行为守则》的执行将主要通过自愿遵守来进行。第三工作组对该《行为守则》进行了审议。

针对此议题，中国在立场文件中指出应对仲裁员的资质、利益冲突、遴选和回避程序进行完善。就具体的改革而言，仲裁员应具有国际公法、国际经济法领域的专业知识，避免潜在的利益冲突，防止出现仲裁员不当兼任执业律师造成有失公平的情形；需要进一步明确利益冲突和事项冲突的具体内涵；完善仲裁员的遴选和回避规则，增加透明度和合理性。当前关于审裁员行为准则的改革与中国诉求基本一致。

4. 建立咨询中心的建议

2021年5月7日，贸法会发布建立咨询中心的改革建议，该说明及其增编，旨在协助工作组考虑建立一个国际投资法咨询中心。秘书处起草的条款草案包括咨询中心的结构、可能的服务和受益人，增编包括费用和融资问题。[1]

---

[1] *Possible reform of Investor-State dispute settlement (ISDS)*, UNCITRAL, https://uncitral.un.org/en/draftworkingpapers.

（二）中国与ICSID规则修订

国际投资争端解决中心（ICSID）于2016年10月正式启动了第四轮ICSID规则的修订工作。本轮规则改革是ICSID50年以来最大的一次规则改革，将对除ICSID公约以外的所有条例和规则进行修改。改革的部分主要包括：增强案件过程和结果的透明度、当事方对第三方资助的披露义务、引入快速仲裁程序、允许欧盟等区域一体化组织使用附加便利仲裁和调解规则、引入调停规则等。ICSID于2018年8月、2019年3月、2019年8月、2020年2月分别发布了第一版至第四版工作文件，对于各阶段的规则修订工作进行了总结与陈述。

1. ICSID发布第五版工作文件①

2021年6月15日，ICSID发布了第五版工作文件。该版工作文件载有拟议修正规则的最新版，与第四版工作文件相比，其改动相对较少，反映了在磋商过程中形成的越来越多的共识。主要变化涉及：

- 增加立案指示清单以说明启动仲裁和调解程序的请求必须包括的内容；
- 当事方披露第三方资助者的义务；
- 第一次开庭可以当面或远程举行，但各方应讨论是否当面或远程举行听证；
- 初始程序中允许对某项要求明显缺乏法律依据提出异议的规则和关于岔路口规则；
- 关于费用的决定和费用担保；
- 受保护的个人信息不能公开披露；
- 快速仲裁程序规则。

2. 中国针对第五版工作文件提交评论意见②

对于第五版工作文件，中国对以下四个方面提出了评析和建议：

第一，关于财务条款。对于ICSID行政和财务条例第14条“费用、津贴和收费（Fees，Allowances and Charges）”。中国注意到，ICSID根据其收费表

① ICSID Releases Fifth Working Paper on Rule Amendments，ICSID，2021-06-15，https://icsid.worldbank.org/news-and-events/news-releases/icsid-releases-fifth-working-paper-rule-amendments.

② Compendium of Comments for Working Paper # 5，ICSID，2021-10-27，https://icsid.worldbank.org/sites/default/files/documents/Compendium_of_State_Comments_WP_Five.pdf.

第 4 段的规定，按统一费率和年度收取行政费用，但根据目前的做法，计费期可能会超过 ICSID 秘书处积极提供行政服务的实际期限，特别是当诉讼被中止或转为中止时。这将不适当地增加程序的成本和争端方的负担。中国建议将 ICSID 行政和财务条例第 14 条第 3 款修改如下："秘书长应确定并公布当事方应向中心支付的行政费用。行政费用应根据中心积极提供行政服务的实际时间来收取，并从计费时间中扣除暂停或中止诉讼的时间。秘书长经与成员国协商，可确定或调整中心行政费用的费率和计算方法。"

第二，仲裁案件的受理。对于 ICSID 机构规则第 6 条"请求的审查和登记（Review and Registration of the Request）"，中国的理解是，在收到请求后，如果争端明显不属于中心的管辖范围，ICSID 秘书长可以不登记该请求。为了避免请求过于轻率导致争端各方不适当地增加时间和费用，中国建议秘书长在登记之前征求被申请人的意见。因此，中国建议将规则第 6 条修改如下："（1）秘书长在收到请求书和申请费后，应根据《华盛顿公约》第 28 条第 3 款或第 36 条第 3 款对请求书进行审查，并迅速与被申请人协商。（2）秘书长应将登记请求或拒绝登记请求以及拒绝的理由迅速通知各方。如果请求被登记，如果答辩人先前提出异议，秘书长应迅速向各方当事人提供登记的理由。"

第三，第三方资助。对于 ICSID 规则第 14 条有关"第三方资助的通知（Notice of Third-Party Funding）"的规定，中国认为，该条款仅将资助的形式限制在资金上。随着第三方资助方式的日益多样化，当事人可以得到资金以外的大量援助。因此，中国建议在 ICSID 规则第 14 条第 1 款中的"资金"之后增加"包括资金和其他物质援助"。

第四，裁决和决定的公开。对于 ICSID 规则第 63 条"裁决命令和决定的公布（Publication of Orders and Decisions）"，中国认为，根据《华盛顿公约》第 48 条第 5 款第 5 项的规定，裁决的公开须经当事人同意，因此裁决和决定的公开应符合《华盛顿公约》中规定的适用于公开裁决的原则。

3. ICSID 发布规则改革第六版文件[①]

2021 年 11 月 12 日，ICSID 发布了第六版工作文件。鉴于对拟议规则的日益共识，第五版工作文件和第六版工作文件之间的改动很少，变化主要涉

① ICSID Releases Sixth Working Paper on Proposed Amendments to Its Procedural Rules，ICSID，2021-11-12，https://icsid.worldbank.org/news-and-events/news-releases/icsid-releases-sixth-working-paper.

及披露第三方资金的义务、费用担保、非争端方和非争端方条约缔约方提交材料的详细规则、加速程序等方面。

第六版工作文件处理了各国和公众就第五版工作文件提出的评论，同时还公布了整套的修正规则，是在过去的 55 年历史当中对 ICSID 规则和制度进行现代化的最全面的程序，“标志着关于更新 ICSID 规则的五年协商进程的顶峰”。修正后的整套规则旨在：

- 通过增加裁决、决定和命令的公开，鼓励在程序进程和结果方面更大的透明度；
- 要求当事人对第三方资助进行披露；
- 通过适用 ICSID 新的快速仲裁规则给投资者和国家提供快速程序的选择；
- 推动 ICSID 争端解决程序更广泛的可及性，例如允许区域经济一体化组织（包括欧盟）适用 ICSID 的附加便利规则进行仲裁和调解；
- 引入最先进的调解规则，所有投资者和国家都可以基于其同意进行使用。

以英文、法文和西班牙文出版的整套拟议修订规则于 2022 年 1 月 20 日提交行政委员会（Administrative Council）进行表决。预计 ICSID 成员国将在 2022 年 3 月 21 日之前对修订后的规则进行投票。如果获得批准，更新的规则将于 2022 年 7 月 1 日生效。

（三）中国与其他改革进程

CPTPP 投资章 B 节就 ISDS 机制进行了详细规定，设定了一个多层次的争端解决机制，但搁置了“投资契约”和“投资授权”等内容。相较于 CPTPP，中国现有法律和条约中对 ISDS 机制的规定存在差别。一方面，我国《外商投资法》仅就外商投资争端投诉协调机制作出规定；另一方面，就我国对外签订的投资协定而言，其中一部分不含有 ISDS 机制，如 RCEP、《中欧全面投资协定》文本，一部分对 ISDS 适用范围有较为严格的限制，且大多未提及 ISDS 的透明度问题。鉴于 ISDS 改革目前仍在进行中，且我国也已经提交了立场文件，未来 ISDS 改革对于我国的缔约实践以及我国政府与投资者参与 ISDS 实践的具体影响还有待观察。

七、中国仲裁机构、仲裁员和律师参与投资仲裁

（一）中国仲裁机构进一步开拓国际投资仲裁业务

近年来，中国仲裁机构在国际投资仲裁领域颇为活跃。北京仲裁委员会/北京国际仲裁中心（以下简称北仲）在2019年发布《北京仲裁委员会/北京国际仲裁中心国际投资仲裁规则》。2021年11月27日，北仲发布了《北京仲裁委员会/北京国际仲裁中心国际投资争端仲裁员行为守则》（以下简称《北仲行为守则》）和《北京仲裁委员会/北京国际仲裁中心国际投资争端仲裁员名册》，于2022年1月1日起施行。[①] 近年来，国际投资仲裁遭遇合法性危机，而仲裁员的独立性与公正性、专业资质以及裁判行为等被认为是引发这场危机的重要原因之一。《北仲行为守则》力求“在仲裁机构层面进一步提炼和提高对国际投资争端仲裁员的行为要求，针对性地提升当事人对投资仲裁的信心”。[②]《北仲行为守则》对审理投资仲裁案件的仲裁员以及审理投资仲裁上诉案件的上诉庭成员提出了资质要求、独立性与公正性要求、披露要求、廉洁要求、保密要求、勤勉与高效要求等多个方面的要求。

中国国际经济贸易仲裁委员会（以下简称贸仲）举办了第十四届法兰克福国际投资模拟仲裁庭贸仲中国（内地）赛区预选赛[③]并开设了“2021年暑期/秋季国际投资仲裁课程”。[④] 此外，贸仲与中国国际投资仲裁常设论坛[⑤]（以下简称常设论坛）共同主办了“中欧投资协定和国际投资仲裁高峰论坛暨2021年中国国际投资仲裁常设论坛年会”。[⑥] 常设论坛还举办了第二届青年优秀论文竞赛，

---

① 北仲网站：https://www.bjac.org.cn/page/tz/shouze.html 和 https://www.bjac.org.cn/page/tz/mingce.html，最后访问时间：2022年3月30日。

② 北仲网站：https://www.bjac.org.cn/news/view?id=4095，最后访问时间：2022年3月30日。

③ 贸仲网站：http://www.cietac.org/index.php?m=Article&a=show&id=18211，最后访问时间：2022年3月30日。

④ 贸仲网站：http://www.cietac.org.cn/index.php?m=Article&a=show&id=17961，最后访问时间：2022年3月30日。

⑤ 该常设论坛由贸仲和西安交通大学法学院、厦门大学法学院、武汉大学法学院、复旦大学法学院、对外经贸大学法学院、中国人民大学法学院、中国政法大学国际法学院等七家高校法学院及中伦律师事务所、环中律师事务所、环球律师事务所、瑛明律师事务所等四家律所联合倡议发起，于2019年2月23日正式成立。见中国贸促会网站：http://www.cietac.org.cn/index.php?m=Article&a=show&id=17512，最后访问时间：2022年3月30日。

⑥ 贸仲网站：http://www.cietac.org.cn/index.php?m=Article&a=show&id=17499，最后访问时间：2022年3月30日。

本届征文主题为“国际投资条约与争端解决的新发展”。[①]

深圳国际仲裁院举办了2021年国际模拟投资仲裁（FDI MOOT）中国赛，[②]着力培养投资仲裁后备人才。

（二）中国公民担任投资仲裁案件仲裁员/撤裁委员会委员的情况

根据《华盛顿公约》第12条、第13条规定，ICSID设立仲裁员名册，每个缔约国可指派至多4名仲裁员和至多4名调解员，ICSID行政理事会主席可指派10名仲裁员。

作为ICSID成员国，中国指派了郑若骅（Teresa CHENG）女士、李虎先生、王雪华先生、张玉卿先生担任仲裁员，指派了卢松教授、单文华教授、石静霞教授、曾华群教授担任调解员。[③]此外，张月姣女士受行政理事会主席指派列入仲裁员名册。[④]前述仲裁员和调解员的任期将于2023年8月22日届满。

2020年2月，张月姣女士被ICSID行政理事会主席指定为InfraRed Environmental Infrastructure GP Limited and others诉西班牙案[⑤]撤裁委员会委员，该案撤裁委员会于2022年3月16日宣布案件审理终结，截至2022年3月结束尚未公布决定。此前，张月姣教授还在Victor Pey Casado and President Allende Foundation诉智利案[⑥]的第二次撤裁程序中担任撤裁委员会委员，该案第二次撤裁程序于2020年1月结束，撤裁委员会驳回了申请人的撤裁申请。

---

① 贸仲网站：http://www.cietac.org.cn/index.php?m=Article&a=show&id=17512，最后访问时间：2022年3月30日。

② 深圳国际仲裁院网站：http://www.scia.com.cn/home/index/newsdetail/id/2998.html，最后访问时间：2022年3月30日。

③ ICSID官方网站：https://icsid.worldbank.org/about/arbitrators-conciliators/database-of-icsid-panels，最后访问时间：2022年3月30日。

④ ICSID官方网站：https://icsid.worldbank.org/about/arbitrators-conciliators/database-of-icsid-panels，最后访问时间：2022年3月30日。

⑤ InfraRed Environmental Infrastructure GP Limited and others v. Kingdom of Spain（ICSID Case No. ARB/14/12）https://icsid.worldbank.org/cases/case-database/case-detail?CaseNo=ARB/14/12&tab=PRO，最后访问时间：2022年3月30日。

⑥ Victor Pey Casado and President Allende Foundation v. Republic of Chile（ICSID Case No. ARB/98/2）https://icsid.worldbank.org/cases/case-database/case-detail?CaseNo=ARB/98/2，最后访问时间：2022年3月30日。

此外，陈安教授曾在 Border Timbers 等诉津巴布韦和 Bernhard von Pezold 等诉津巴布韦两起相关联的投资仲裁案中被指定为仲裁员，后辞任；陈治东教授曾以撤裁委员会委员身份参与 Carnegie Minerals（Gambia）Limited 诉冈比亚案。[①]

从公开信息来看，目前尚无中国籍人士以仲裁员或撤裁委员会委员的身份参与非 ICSID 投资仲裁案件审理。

（三）中国律师担任投资仲裁案件代理律师的情况

根据公开信息或笔者了解，截至 2022 年 3 月 31 日有以下四家中国律师事务所独立代理或联合代理了投资仲裁案件：

- 环球律师事务所在海乐·西亚泽公司诉中国案中继续担任中国政府代理律师，并正在独立代理另一起投资仲裁案件（截至 2022 年 3 月 31 日尚未公开）；
- 汇仲律师事务所在 Fengzhen Min 诉韩国案和 Qiong Ye 等诉柬埔寨案中联合国际律师事务所共同代理中国投资者；
- 中伦律师事务所在吴振顺诉中国案、宋宇诉中国案中独立或牵头代理中国政府，在安城诉中国案中联合国际律师事务所共同代理中国政府；此外，该所还在北京爱德威诉加纳案中独立代理中国投资者；
- 金杜律师事务所北京办公室和伦敦办公室在宏大通商诉中国案中独立代理中国政府（由于投资者未预缴仲裁费，该案已终止）。

（四）中国公民担任投资仲裁案件专家证人的情况

陈安教授曾在谢业深诉秘鲁案中担任秘鲁的专家证人，单文华教授、王贵国教授等曾在 Sanum 诉老挝案的新加坡高等法院程序中出具专家报告。[②] 近年来，还有其他中国公民在投资仲裁案件中担任专家证人，就案件涉及的中国法律问题出具专家意见，但相关信息尚未公开。

---

① 池漫郊、任清：《中国国际投资仲裁年度观察》（2021），载《北京仲裁》2021 年第 2 辑，中国法制出版社 2021 年版。

② 池漫郊、任清：《中国国际投资仲裁年度观察》（2021），载《北京仲裁》2021 年第 2 辑，中国法制出版社 2021 年版。

八、结语与展望

2021年仍旧是疫情肆虐的一年，尽管国际投资活动有所减少，但投资争端却仍然涌现。与2020年相比，2021年我国在国际及国内立法层面取得了进一步的发展。我国申请加入CPTPP，且RCEP等重要国际经贸协定，这意味着我国将以更高水平的开放促进国内改革与发展，也将促进中国的对外投资继续往更大范围、更宽领域、更深层次的方向推进，从而加快区域贸易经济一体化进程。RCEP的生效也意味着各成员国将在未来几年内就ISDS问题进行讨论，并有望达成一致意见。《反外国制裁法》和《海南自由贸易港法》均生效，更多的投资协定和自由贸易协定也于2021年开始谈判或生效。中国将进一步推动实现投资、跨境资金流动、数据安全有序流动，提升对外开放水平吸引外商来华投资，并为其营造良好、健全的投资环境。鉴于ISDS改革仍在进行，我国仲裁机构已经开始为参与投资仲裁进行准备，以及我国缔结国际投资协定的实践的发展，未来我国对于ISDS立场仍值得仔细观察。

在争端解决层面，与中国相关的案件在数量上呈现加速增长的趋势。相比于2020年，已公开的中国政府作为被申请人案件增加2起、中国投资者作为申请人提起的案件增加5起，而在2021年以前程序已经开始的案件也正在推进当中，对于这些案件笔者将持续关注其未来走向。案件大幅增长也使我们意识到，我国的仲裁机构、仲裁员和律师应该进一步参与到投资仲裁的实践中以便于积累经验。只有对国际投资法律制度拥有更深层、更透彻的认识，才能更加自如地解决与中国有关的投资仲裁争端。

在参与国际规则制定方面，中国积极参与ISDS改革以及ICSID仲裁第五版、第六版规则修订，就贸法会第三工作组第40届、第41届会议相关议题和ICSID仲裁规则修订第五版工作文件提交意见。目前，ISDS改革进程仍在继续，且逐渐步入“深水区”，各个国家、国际组织、投资者等利益相关者的利益均需要得到考虑，我们对于ISDS改革的走向仍将进一步观察。国际投资法治建设需要更多的中国机构和个人参与其中，国际投资法治建设的加强能够进一步促进国际投资自由化便利化、建立良好的国际营商环境。

附件一：中国政府作为被申请人的已公开国际投资仲裁案件（截至2022年3月31日）①

序号	持续年份②	案件简称	投资者国籍	投资者类型	争端领域	管辖权依据（简称）	仲裁规则	机构参与	仲裁结果/程序进展
程序终结的案件									
1.	2011—2013年	伊佳兰诉中国③	马来西亚（东南亚）	中小型企业	不动产	中国—马来西亚BIT（1988）；中国—以色列BIT（1995）	ICSID规则	ICSID受理	争端双方和解
2.	2014—2017年	安城诉中国④	韩国（东亚）	中小型企业	不动产	中国—韩国BIT（2007）	ICSID规则	ICSID受理	仲裁庭作出“早期驳回”裁决
3.	2020—2021年	Macro Trading诉中国⑤	日本（东亚）	中小型企业	不动产	中国—日本BIT（1988）	ICSID规则⑥	ICSID受理⑦	仲裁庭根据《ICSID行政和财务条例》第14条第3款（d）项确认仲裁程序终止

① 除表格所列案件外，截至2022年3月31日，以中国台湾作为被申请人的已公开国际投资仲裁案件还有1起，即Surfeit Harvest Investment Holding Pte Ltd v. Taiwan。

② 本表格中，机构仲裁以立案年份为案件开始年份，非机构仲裁以投资者一方发出《仲裁申请书》的年份为案件开始年份。

③ Ekran Berhad v. People's Republic of China（ICSID Case No. ARB/11/15）https://icsid.worldbank.org/en/Pages/cases/casedetail.aspx?CaseNo=ARB/11/15，最后访问时间：2022年3月31日。

④ Ansung Housing Co., Ltd. v. People's Republic of China（ICSID Case No. ARB/14/25）https://icsid.worldbank.org/en/Pages/cases/casedetail.aspx?CaseNo=ARB/14/25，最后访问时间：2022年3月31日。

⑤ Macro Trading Co., Ltd. v. People's Republic of China（ICSID Case No. ARB/20/22）https://icsid.worldbank.org/cases/case-database/case-detail?CaseNo=ARB/20/22，最后访问时间：2022年3月31日。

⑥ 根据中国—日本BIT（1988）第11条第2款和第5款，仲裁程序由仲裁委员会“参考”ICSID规则制定。

⑦ 根据中国—日本BIT（1988）第11条，该案应为临时仲裁，但ICSID将该案注册为机构仲裁。

续表

序号	持续年份	案件简称	投资者国籍	投资者类型	争端领域	管辖权依据（简称）	仲裁规则	机构参与	仲裁结果/程序进展
程序尚未终结的案件									
4.	2017年至今	海乐·西亚泽诉中国①	德国（西欧）	中小型企业	不动产	中国—德国BIT（2003）	ICSID规则	ICSID受理	该案处于管辖权和实体问题的不分步审理阶段。目前书面程序已结束，仲裁庭于2022年1月27日发布关于庭审程序事项的第七号程序令
5.	2019年至今	宋宇诉中国②	英国（西欧）	自然人	未公开	未公开	未公开	PCA管理	管理机构未公开该案仲裁程序信息，但根据公开信息可知该案已完成组庭③

① Hela Schwarz GmbH v. People's Republic of China（ICSID Case No. ARB/17/19）https://icsid.worldbank.org/en/Pages/cases/casedetail.aspx?CaseNo=ARB/17/19，最后访问时间：2022年3月31日。

② Jason Yu Song（United Kingdom）v. People's Republic of China（PCA Case No. 2019-39）https://pca-cpa.org/en/cases/241/，最后访问时间：2022年3月31日。

③ 公开信息显示，该案为中英文双语程序，该案也是涉及中国或中国投资者的投资仲裁中目前唯一一起已知的以中文作为仲裁语言的案件。

续表

序号	持续年份	案件简称	投资者国籍	投资者类型	争端领域	管辖权依据（简称）	仲裁规则	机构参与	仲裁结果 / 程序进展
6.	2020 年至今	吴振顺诉中国①	新加坡（东南亚）	自然人	不动产	中国—新加坡 BIT（1985）②	未公开③	PCA 管理	管理机构未公开该案仲裁程序信息，但根据公开信息可知该案已完成组庭④
7.	2020 年至今	亚化集团诉中国⑤	新加坡（东南亚）	新加坡凯利板上市公司	矿业	中国—新加坡 BIT（1985）	未公开⑥	ICSID 管理	根据 2021 年 7 月 30 日有关媒体报道，该案已完成组庭

① Mr. Goh Chin Soon（Singapore）v. People's Republic of China（PCA Case No. 2021-30）https://pca-cpa.org/en/cases/269/，最后访问时间：2022 年 3 月 31 日。吴振顺诉中国案最初在 ICSID 立案，2021 年 8 月终止 ICSID 仲裁程序，改为 PCA 管理的临时仲裁。与联合国贸发会议的统计口径相一致，本文将吴振顺诉中国案的 ICSID 仲裁程序和 PCA 仲裁程序视为同一起案件。吴振顺诉中国案在 ICSID 官网的信息请见 Goh Chin Soon v. People's Republic of China（ICSID Case No. ARB/20/34）https://icsid.worldbank.org/cases/case-database/case-detail?CaseNo=ARB/20/34，最后访问时间：2022 年 3 月 31 日。

② PCA 官网未公开该案管辖权依据，此处信息来自 iareporter 报道，https://www.iareporter.com/articles/discontinued-icsid-case-against-china-resurfaces-under-pca-administration/，最后访问时间：2022 年 3 月 31 日。

③ 根据中国—新加坡 BIT（1985）第 13 条第 6 款，仲裁庭应"参考"ICSID 规则自行制定仲裁程序。

④ PCA 官网显示，该案仲裁庭成员与 2020 年注册、现已经终止程序的 ICSID 机构仲裁（ICSID Case No. ARB/20/34）的仲裁庭成员相同。

⑤ ICSID 官网尚无该案信息，相关信息系根据 iareporter 等相关报道和亚化集团相关公告总结，并非仲裁庭发布的官方信息。

⑥ 根据中国—新加坡 BIT（1985）第 13 条第 6 款，仲裁庭应"参考"ICSID 规则自行制定仲裁程序。UNCTAD 显示该案仲裁规则为贸法会规则，https://investmentpolicy.unctad.org/investment-dispute-settlement/cases/1106/asiaphos-v-china，最后访问时间：2022 年 3 月 31 日。

续表

序号	持续年份	案件简称	投资者国籍	投资者类型	争端领域	管辖权依据（简称）	仲裁规则	机构参与	仲裁结果/程序进展
8.	2021年至今①	蒙特内罗诉中国②	瑞士（西欧）	自然人	文化娱乐	中国—瑞士BIT（2009）	贸法会规则③	未知④	2021年6月16日，申请人提交仲裁通知

附件二：中国投资者作为申请人提起的投资仲裁案件（截至2022年3月31日）⑤

序号	持续年份	案件简称	东道国	国家分类⑥	投资者类型	争议领域	管辖权依据（简称）	仲裁规则	机构参与	仲裁结果/程序进展
程序终结的案件										
1.	2007—2015年	谢业深诉秘鲁⑦	秘鲁（南美）	发展中	自然人	食品生产	中国—秘鲁BIT（1994）	ICSID规则	ICSID受理	仲裁庭作出有利于投资者的裁决

① 公开信息显示，该案投资者于2021年6月16日提交仲裁通知。仲裁通知请见：https://jusmundi.com/en/document/pdf/other/en-eugenio-montenero-v-peoples-republic-of-china-request-for-arbitration-wednesday-16th-june-2021，最后访问时间：2022年3月31日。

② 该案相关信息系根据iareporter等相关报道总结，见：EUGENIO MONTENERO V. CHINA https://www.iareporter.com/arbitration-cases/eugenio-montenero-v-china/，最后访问时间：2022年3月31日。

③ 中国—瑞士BIT（2009）规定，投资者有权选择依据ICSID规则提交仲裁，或依据贸法会规则提交临时仲裁。根据仲裁通知，投资者选择依据贸法会规则（1976年版）提交临时仲裁。

④ 根据仲裁通知，投资者提出由独任仲裁员审理本案。

⑤ 据笔者了解，除了中国投资者直接提起的案件外，截至2022年2月，也有一些中国投资者借由其与外方在海外设立的合资公司提起投资仲裁程序，其中最受关注的应当是紫金矿业与巴里克黄金的巴新合资公司于2020年7月9日向ICSID提起的调解程序［详见池漫郊、任清：《中国国际投资仲裁年度观察》（2021），载《北京仲裁》2021年第2辑，中国法制出版社2021年版］。由于此类案件并不属于中国籍投资者作为申请人直接提起的投资仲裁案件，因此并未包括在本次统计中。

⑥ 即相关案件中的东道国是国际货币基金组织（IMF）认定的发达经济体或发展中经济体；其中，国际货币基金组织认定的发展中经济体如果被联合国发展政策委员会认定为最不发达国家的，本表中根据联合国发展政策委员会认定的结果将其标注为最不发达国家。

⑦ Tza Yap Shum v. Republic of Peru（ICSID Case No. ARB/07/6）https://icsid.worldbank.org/en/Pages/cases/casedetail.aspx?CaseNo=ARB/07/6，最后访问时间：2022年3月31日。

续表

序号	持续年份	案件简称	东道国	国家分类	投资者类型	争议领域	管辖权依据（简称）	仲裁规则	机构参与	仲裁结果 / 程序进展
2.	2010—2017 年	北京首钢诉蒙古[①]	蒙古（东北亚）	发展中	大型国有企业	矿业权	中国—蒙古 BIT（1991）	贸法会规则	PCA 管理	仲裁庭以缺乏管辖权驳回投资者的仲裁请求
3.	2010—2018 年	渣打银行（香港）诉坦桑尼亚电力供应公司[②]	坦桑尼亚（非洲）	最不发达	大型跨国金融机构	能源	投资合同	ICSID 规则	ICSID 受理	仲裁庭作出有利于投资者的裁决
4.	2011—2017 年	Philip Morris 诉澳大利亚[③]	澳大利亚（澳洲）	发达	大型跨国企业	烟草加工	中国香港特别行政区—澳大利亚 BIT（1993）	贸法会规则	PCA 管理	仲裁庭以缺乏管辖权为由驳回投资者的仲裁请求
5.	2012—2015 年	中国平安诉比利时[④]	比利时（西欧）	发达	大型金融机构	金融	中国—比利时卢森堡经济联盟 BIT（1984/2005）	ICSID 规则	ICSID 受理	仲裁庭以缺乏管辖权为由驳回投资者的仲裁请求

① Beijing Shougang and others v. Mongolia（PCA Case No. 2010-20）https://pca-cpa.org/en/cases/48/，最后访问时间：2022 年 3 月 31 日。

② Standard Chartered Bank（Hong Kong）Limited v. Tanzania Electric Supply Company Limited（ICSID Case No. ARB/10/20）https://icsid.worldbank.org/en/Pages/cases/casedetail.aspx?CaseNo=ARB/10/20，最后访问时间：2022 年 3 月 31 日。

③ Philip Morris Asia Limited（Hong Kong）v. The Commonwealth of Australia（PCA Case No. 2012-12）http://www.pcacases.com/web/view/5，最后访问时间：2022 年 3 月 31 日。

④ Ping An Life Insurance Company of China，Limited and Ping An Insurance（Group）Company of China，Limited v. Kingdom of Belgium（ICSID Case No. ARB/12/29）https://icsid.worldbank.org/en/Pages/cases/casedetail.aspx?CaseNo=ARB/12/29，最后访问时间：2022 年 3 月 31 日。

续表

序号	持续年份	案件简称	东道国	国家分类	投资者类型	争议领域	管辖权依据（简称）	仲裁规则	机构参与	仲裁结果/程序进展
6.	2012—2019 年	Sanum 诉老挝（一）[①]	老挝（东南亚）	最不发达	中小型企业	博彩	中国—老挝 BIT（1993）	贸法会规则	PCA 管理	仲裁庭作出有利于东道国的裁决
7.	2014—2018 年	北京城建诉也门[②]	也门（西亚）	最不发达	大型国有企业	建设工程	中国—也门 BIT（1998）	ICSID 规则	ICSID 受理	仲裁庭作出有利于投资者的管辖权决定，实体审理阶段双方和解
8.	2015—2019 年	渣打银行（香港）诉坦桑尼亚[③]	坦桑尼亚（非洲）	最不发达	大型跨国金融机构	能源	投资合同	ICSID 规则	ICSID 受理	仲裁庭作出有利于投资者的裁决
9.	2019—2019 年	Jetion 及 T-Hertz 诉希腊[④]	希腊（南欧）	发达	中小型企业	能源	中国—希腊 BIT（1992）	贸法会规则	不适用	案件程序终止
10.	2018—2021 年[⑤]	中山富诚诉尼日利亚[⑥]	尼日利亚（非洲）	发展中	中小型企业	不动产	中国—尼日利亚 BIT（2001）	贸法会规则	PCA 管理	仲裁庭作出有利于投资者的裁决

① Sanum Investments Limited v. Lao People's Democratic Republic（PCA Case No. 2013-13）https://www.italaw.com/cases/2050，最后访问时间：2022 年 3 月 31 日。

② Beijing Urban Construction Group Co. Ltd. v. Republic of Yemen（ICSID Case No. ARB/14/30）https://icsid.worldbank.org/en/Pages/cases/casedetail.aspx?CaseNo=ARB/14/30，最后访问时间：2022 年 3 月 31 日。

③ Standard Chartered Bank（Hong Kong）Limited v. United Republic of Tanzania（ICSID Case No.ARB/15/41）https://icsid.worldbank.org/en/Pages/cases/casedetail.aspx?CaseNo=ARB/15/41，最后访问时间：2022 年 3 月 31 日。

④ Jetion Solar Co. Ltd and Wuxi T-Hertz Co. Ltd. v. Hellenic Republic https://investmentpolicy.unctad.org/investment-dispute-settlement/cases/975/jetion-and-t-hertz-v-greece，最后访问时间：2022 年 3 月 31 日。

⑤ 根据该案仲裁庭 2021 年 3 月 26 日作出的裁决，该案申请人在 2018 年 8 月 30 日提交《仲裁申请书》，启动仲裁程序。

⑥ Zhongshan Fucheng Industrial Investment Co. Ltd. v. Federal Republic of Nigeria https://jusmundi.com/en/document/decision/en-zhongshan-fucheng-industrial-investment-co-ltd-v-federal-republic-of-nigeria-final-award-monday-1st-march-2021，最后访问时间：2022 年 3 月 31 日。

续表

序号	持续年份	案件简称	东道国	国家分类	投资者类型	争议领域	管辖权依据（简称）	仲裁规则	机构参与	仲裁结果 / 程序进展
程序尚未终结的案件										
11.	2017 年至今	Sanum 诉老挝（二）[1]	老挝（东南亚）	最不发达	中小型企业	博彩	中国—老挝 BIT（1993）	ICSID 附加便利规则[2]	ICSID 管理	案件处于管辖权和实体问题的不分步审理阶段
12.	2020 年至今	Fengzhen Min 诉韩国[3]	韩国（东亚）	发达	自然人	不动产	中国—韩国 BIT（2007）	ICSID 规则	ICSID 受理	仲裁庭于 2021 年 6 月 18 日作出关于“早期驳回”异议的决定
13.	2020 年至今	Wang Jing 等诉乌克兰[4]	乌克兰（东欧）	发展中	自然人	机械制造	中国—乌克兰 BIT（1992）	贸法会规则	PCA 管理	未公开，但根据有关报道可知该案已完成组庭[5]

① Sanum Investments Limited v. Lao People's Democratic Republic (ICSID Case No. ADHOC/17/1) https://icsid.worldbank.org/en/Pages/cases/casedetail.aspx?CaseNo=ADHOC/17/1，最后访问时间：2022 年 3 月 31 日。

② 本仲裁为非机构仲裁，仲裁规则由双方当事人约定。

③ Fengzhen Min v. Republic of Korea（ICSID Case No. ARB/20/26）https://icsid.worldbank.org/cases/case-database/case-detail?CaseNo=ARB/20/26，最后访问时间：2022 年 3 月 31 日。

④ 截至 2022 年 2 月，PCA 尚未公开该案件，该案相关信息系根据 iareporter 相关报道总结，并非仲裁庭发布的官方信息。WANG JING ET AL. V. UKRAINE https://www.iareporter.com/arbitration-cases/wang-king-et-al-v-ukraine/，最后访问时间：2022 年 3 月 31 日。

⑤ 据报道，该案仲裁庭成员为 Pierre Tercier（首席仲裁员）、Klaus Reichert（申请人指定）和 Zachary Douglas（被申请人指定）。

续表

序号	持续年份	案件简称	东道国	国家分类	投资者类型	争议领域	管辖权依据（简称）	仲裁规则	机构参与	仲裁结果/程序进展
14.	2020年至今[①]	Shift Energy 诉日本	日本（东亚）	发达	中小型企业	可再生能源	中国香港特别行政区—日本BIT（1997）	贸法会规则	ICSID管理	未公开，但根据有关报道可知该案已完成组庭[②]
15.	2021年至今	Beijing Everyway Traffic & Lighting Tech Co. Ltd. 诉加纳[③]	加纳（非洲）	发展中	中小型企业	建设工程	中国—加纳BIT（1989）	未知[④]	不适用[⑤]	2021年2月10日，申请人向被申请人提交《仲裁通知》，启动临时仲裁程序；根据有关报道可知该案已完成组庭[⑥]

① 截至2022年2月，ICSID尚未公开该案件，该案相关信息系根据iareporter相关报道总结，见SHIFT ENERGY V. JAPAN https://www.iareporter.com/arbitration-cases/shift-energy-v-japan/，最后访问时间：2022年3月31日。

② 据报道，该案仲裁庭成员为A. Rigo Sureda（首席仲裁员）、Stanimir A. Alexandrov（申请人指定）和Zachary Douglas（被申请人指定）。

③ 该案信息系根据iareporter相关报道总结，并非仲裁庭发布的官方信息，见：BEIJING EVERYWAY TRAFFIC V. GHANA（1）https://www.iareporter.com/arbitration-cases/beijing-everyway-traffic-v-ghana-1/，最后访问时间：2022年3月31日。

④ 根据中国—加纳BIT（1989）第10条第3款，该案仲裁庭应自行制定其程序，但仲裁庭在制定程序时可以参照斯德哥尔摩商会仲裁院规则或ICSID规则。

⑤ 根据iareporter于2021年6月18日报道，该案为临时仲裁，但双方随后可能会选定一家仲裁管理机构。请见：https://www.iareporter.com/articles/chinese-investor-doubles-ad-hoc-treaty-arbitration-against-ghana-with-parallel-lcia-claim/，最后访问时间：2022年3月31日。

⑥ 据报道，该案仲裁庭成员为Stavros Brekoulakis（首席仲裁员）、V.K. Rajah（申请人指定）和Richard Oppong（被申请人指定）。

续表

序号	持续年份	案件简称	东道国	国家分类	投资者类型	争议领域	管辖权依据（简称）	仲裁规则	机构参与	仲裁结果/程序进展
16.	2021年至今	Wang Jiazhu 诉芬兰[①]	芬兰（北欧）	发达	自然人	物流仓储、批发分销	中国—芬兰 BIT（2004）	贸法会规则	不适用	2021年1月22日，申请人向被申请人提交《仲裁通知》；2021年2月19日，被申请人提交对《仲裁通知》的回复
17.	2021年至今	Alpene Ltd 诉马耳他[②]	马耳他（南欧）	发达	中小型企业/金融机构	银行业	中国—马耳他 BIT（2009）	ICSID 规则	ICSID 受理	该案于2021年7月2日立案；申请人于2022年3月2日对被申请人提出的“早期驳回”异议提出意见

① 该案信息系根据 iareporter 相关报道以及当事方提交的文件总结，见：WANG JIAZHU V. FINLAND https://www.iareporter.com/arbitration-cases/wang-jiazhu-v-finland/; https://jusmundi.com/en/document/other/en-wang-jiazhu-v-the-republic-of-finland-request-for-arbitration-friday-22nd-january-2021; https://jusmundi.com/en/document/other/en-wang-jiazhu-v-the-republic-of-finland-response-to-the-notice-of-arbitration-friday-19th-february-2021#other_document_22076，最后访问时间：2022年3月31日。

② Alpene Ltd v. Republic of Malta（ICSID Case No. ARB/21/36）https://icsid.worldbank.org/cases/case-database/case-detail?CaseNo=ARB/21/36，最后访问时间：2022年3月31日。

续表

序号	持续年份	案件简称	东道国	国家分类	投资者类型	争议领域	管辖权依据（简称）	仲裁规则	机构参与	仲裁结果/程序进展
18.	2021年至今	Qiong Ye、Jianping Yang诉柬埔寨①	柬埔寨（东南亚）	最不发达	自然人	信息通信	中国—东盟投资协议（2009）	ICSID规则	ICSID受理	该案于2022年2月3日完成组庭，并在3月21日进行了第一次程序会议
19.	2022年至今	华为诉瑞典②	瑞典（北欧）	发达	大型民营企业	信息通信	中国—瑞典BIT（1982）及2004年议定书	ICSID规则	ICSID受理	该案于2022年1月22日立案

① Qiong Ye and Jianping Yang v. Kingdom of Cambodia（ICSID Case No. ARB/21/42）https://icsid.worldbank.org/cases/case-database/case-detail?CaseNo=ARB/21/42，最后访问时间：2022年3月31日。

② Huawei Technologies Co., Ltd. v. Kingdom of Sweden（ICSID Case No. ARB/22/2）https://icsid.worldbank.org/cases/case-database/case-detail?CaseNo=ARB/22/2，最后访问时间：2022年3月31日。

中国汽车行业争议解决年度观察（2022）

钱海峰 * 王尧峰 **

一、概述

（一）行业发展概述

2021 年是“十四五”开局之年，是我国汽车行业由传统产业向电动化、网联化、智能化产业转型升级的关键之年。在全球技术变革和我国疫情防控常态化的大背景下，作为国民经济的支柱产业，我国汽车行业坚持以市场为导向，紧跟国家战略发展方向和政策立法，经受住了芯片短缺、原材料价格持续高位等带来的压力，不仅产、销方面呈现稳中有增的态势，而且在产业投资与布局、技术革新与标准化建设、品牌建设与质量安全、数据安全与信息保护等方面取得突破和进展，尤其是新能源汽车，在国家“碳达峰、碳中和”顶层设计方案出台后，成为行业最大亮点，已经从政策驱动转向市场拉动新发展阶段，呈现市场规模、发展质量双提升的良好局面，为“十四五”汽车产业高质量发展奠定了坚实基础。

2021 年，我国汽车产销分别完成 2608.2 万辆和 2627.5 万辆，同比分别增长 3.4% 和 3.8%，结束了连续 3 年的下降趋势，为我国工业经济持续恢复发展、稳定宏观经济增长贡献了重要力量。[①] 其中，国内新能源汽车产销突破 350 万

---

* 钱海峰，北京仲裁委员会 / 北京国际仲裁中心仲裁员。

** 王尧峰，北京万景律师事务所合伙人。

① 工业和信息化部：https://www.miit.gov.cn/gzcy/zbft/art/2022/art_c1be7ff778bd42c28ffde666d93328ad.html。

辆大关，分别达到 354.5 万辆和 352.1 万辆，同比均增长 1.6 倍，市场占有率达到 13.4%，高于上年 8 个百分点。①

2021 年，我国汽车出口量约为 201.5 万辆，首次超过 200 万辆，同比增长 1 倍，占汽车销售总量的比重为 7.7%，比上年提升 3.7 个百分点，其中新能源汽车出口 31 万辆，同比增长 3 倍。②

自 2020 年疫情发生以来，受全球汽车芯片供应短缺以及美国对中国的芯片产业链、供应链采取管制措施的影响，汽车产量下降，尤其是依赖进口核心芯片的汽车品牌。为了应对疫情、缺芯挑战，鼓励汽车领域的研发、消费，国家在政策、法律和技术等方面给予了大力支持，尤其是新能源汽车。例如：国家制定《新能源汽车产业发展规划（2021—2035 年）》，将坚持电动化、网联化、智能化发展方向，深入实施发展新能源汽车国家战略，以融合创新为重点，突破关键核心技术，提升产业基础能力，构建新型产业生态，完善基础设施体系，优化产业发展环境，推动我国新能源汽车产业高质量可持续发展，加快建设汽车强国。国家制定《2030 年前碳达峰行动方案》，大力推广新能源汽车，逐步降低传统燃油汽车在新车产销和汽车保有量中的占比，推动城市公共服务车辆电动化替代，推广电力、氢燃料、液化天然气动力重型货运车辆。工信部与地方主管部门加强供需对接和工作协同，推动提升汽车芯片供给能力，指导成立中国汽车芯片产业创新联盟，组织编制《汽车半导体供需对接手册》，为企业自主研发芯片提供信息支持和政策鼓励，配合调查处理汽车芯片领域囤积居奇、哄抬价格等不正当竞争行为，为 2021 年我国汽车产销稳定增长提供了有力支撑。

2021 年，相关市场主体顺应汽车行业发展趋势，在产业投资、智能制造、技术升级等方面较为活跃。例如：小米宣布小米智能汽车业务正式立项，计划首期投入 100 亿元人民币，未来十年投资 100 亿美元。百度造车公司完成注册，名称为“集度汽车有限公司”，注册资本为 20 亿元。华为公司与长安汽车、广汽集团、北汽蓝谷等车企进行深度合作，打造汽车子品牌，将陆续推出使用华为 HI（Huawei Inside）全栈智能汽车解决方案的智能汽车。长城汽车宣布完成对北京地平线机器人技术研发有限公司的战略投资，正式进军芯片产

---

① 中国汽车工业协会：http://www.caam.org.cn/chn/4/cate_154/con_5235337.html。

② 中国汽车工业协会：http://www.caam.org.cn/chn/4/cate_154/con_5235337.html。

业。腾讯恒大携手研发车载智能系统。中升控股就智能电动汽车与小鹏汽车建立战略合作伙伴关系。北京设立国内首个智能网联汽车政策先行区。宁德时代推出第一代钠离子电池。福田汽车发布中国商用车行业首个技术品牌“银河技术”。

2021 年，虽然我国汽车行业整体发展良好，但仍有个别车企在融资、市场等方面遭遇各种困境，进一步加剧了车企整合，一定程度上反映了我国汽车产业转型升级的痛点。例如：恒大汽车终止 A 股上市、禾赛科技撤回科创板 IPO 申请、吉利汽车撤回科创板上市申请；猎豹汽车申请破产重组、拜腾关联公司被申请破产清算、华晨雷诺金杯申请破产重整、北京宝沃汽车申请破产清算；沃尔沃汽车与吉利汽车合并动力总成业务、江淮汽车与蔚来共同设立合资公司；南北马自达官宣合并、江铃汽车拟以 7.81 亿元向 Volvo 出售江铃重汽、曙光汽车收购奇瑞老旧车型技术资产。

2021 年，国家加大对汽车消费者人身安全与个人信息的法律保护力度。《中华人民共和国民法典》（以下简称《民法典》）开始施行，汽车产品缺陷和召回的责任和成本的承担主体扩大到生产者和销售者。韩某与特斯拉汽车销售服务（北京）有限公司买卖合同纠纷一案，特斯拉被判退一赔三。小鹏汽车未经得消费者同意，通过具有人脸识别功能的摄像设备非法采集并上传消费者人脸照片数据被处罚。特斯拉因品控问题被五部门联合约谈。中消协发布 2020 年投诉报告，汽车消费成重点问题。因严重违法违规收集使用个人信息，滴滴 App 被下架整改。

2021 年，是我国汽车工业发展史上极不平凡的一年，面对全球疫情持续演变、汽车芯片供应紧张等复杂严峻形势，国家坚持电动化、网联化、智能化发展方向，制定完善各项政策、法律法规和技术标准，持续推进产业转型升级，推动汽车产业高质量发展，行业有关各方抓住机遇、迎接挑战，共同推动汽车产业在“十四五”开局之年取得新成效、见到新气象，我国汽车强国建设迈出坚实步伐。

（二）新法概述

1.《民法典》

《民法典》由第十三届全国人民代表大会第三次会议于 2020 年 5 月 28 日通过，自 2021 年 1 月 1 日起正式施行。

《民法典》包括总则、物权、合同、人格权、婚姻家庭、继承、侵权责任共七编，加附则，全文共计 1260 条，涵盖了民事主体生产生活的各个方面，具有划时代意义。《民法典》的出台，与汽车行业息息相关，对于促进我国汽车产业的健康良性和高质量发展具有积极作用。

例如:《民法典》第9条“民事主体从事民事活动，应当有利于节约资源、保护生态环境”的规定，有利于新能源汽车领域的投资，促进汽车生产制造环节的节能减排，甚至是汽车全产业链的绿色、低碳和环保。

《民法典》第123条“民事主体依法享有知识产权”的规定，进一步明确了知识产权保护的重要性，有利于保护汽车技术开发与研究领域的科技成果，促进汽车产业电动化、网联化和智能化的发展，推动整个汽车产业的转型升级。

《民法典》第496条、第498条关于格式条款的规定，在一定程度上能够减少欺诈消费者现象的发生，有助于保护汽车消费者的合法权益，促进汽车销售环节的公开透明、合法合规。

《民法典》第1206条“产品投入流通后发现存在缺陷的，生产者、销售者应当及时采取停止销售、警示、召回等补救措施；未及时采取补救措施或者补救措施不力造成损害扩大的，对扩大的损害也应当承担侵权责任。依据前款规定采取召回措施的，生产者、销售者应当负担被侵权人因此支出的必要费用”的规定，明确了汽车生产制造商、销售商的召回义务和产品责任，有利于保障车辆购买人和使用人的人身和财产安全。

《民法典》第127条“法律对数据、网络虚拟财产的保护有规定的，依照其规定”以及第四编第六章“隐私权和个人信息保护”的相关规定，回应了我国汽车由传统产业向电动化、网联化、智能化发展道路上对消费者个人信息保护的需求，不仅有利于保护公民个人信息和汽车数据安全，而且必将促进汽车产业的快速、健康发展。

2021年，国家连续出台了《个人信息保护法》《数据安全法》《汽车数据安全管理若干规定（试行）》《关于加强车联网网络安全和数据安全工作的通知》，将公民个人信息保护和汽车数据安全有关规则进一步细化，规范汽车行业相关主体合法合规处理公民个人信息，确保汽车数据安全。

2.《个人信息保护法》

《个人信息保护法》于2021年8月20日由十三届全国人大常委会第三十次会议表决通过，并于2021年11月1日起正式施行。

《民法典》虽然涉及公民个人信息保护，但章节内容不多，且多为原则性规定。为了全面指导和规范处理公民个人信息的行为，国家出台了更详细且更具实操性的《个人信息保护法》，这部法律是国内首部保护个人信息的专门法律，内容包括个人信息的定义、处理规则、跨境传输、个人在信息处理活动中的权利、义务、监管部门职责、法律责任等。

例如：《个人信息保护法》第 14 条“基于个人同意处理个人信息的，该同意应当由个人在充分知情的前提下自愿、明确作出。法律、行政法规规定处理个人信息应当取得个人单独同意或者书面同意的，从其规定。个人信息的处理目的、处理方式和处理的个人信息种类发生变更的，应当重新取得个人同意”以及第 17 条“个人信息处理者在处理个人信息前，应当以显著方式、清晰易懂的语言真实、准确、完整地向个人告知下列事项：（一）个人信息处理者的名称或者姓名和联系方式；（二）个人信息的处理目的、处理方式，处理的个人信息种类、保存期限；（三）个人行使本法规定权利的方式和程序；（四）法律、行政法规规定应当告知的其他事项。前款规定事项发生变更的，应当将变更部分告知个人。个人信息处理者通过制定个人信息处理规则的方式告知第一款规定事项的，处理规则应当公开，并且便于查阅和保存”的规定，明确了信息处理者在处理公民个人信息时应当遵守“同意 + 告知”的规则，最大限度地保护公民个人信息。

因为汽车行业除了涉及个人信息的处理，还涉及车辆行踪轨迹、重要敏感区域的地理信息、人员流量、车辆流量、物流等与国家安全和经济运行密切相关的重要数据，所以，《个人信息保护法》仍无法满足汽车行业对个人信息与数据安全的特殊保护需求，为此，国家相关部门配套出台了《汽车数据安全管理若干规定（试行）》《关于加强车联网网络安全和数据安全工作的通知》，进一步完善和规范汽车行业领域的网络信息和数据处理活动。

3.《汽车数据安全管理若干规定（试行）》

《汽车数据安全管理若干规定（试行）》于 2021 年 8 月 20 日由国家互联网信息办公室、国家发展和改革委员会、工业和信息化部、公安部、交通运输部联合发布，该规定自 2021 年 10 月 1 日起施行。

如前所述，由于汽车行业的特殊性，《民法典》《个人信息保护法》不能满足国家对汽车行业涉及的信息与数据安全保护要求，因此，国家以部门规章的形式出台了《汽车数据安全管理若干规定（试行）》，旨在规范汽车数据处理活动，保护个人、组织的合法权益，维护国家安全和社会公共利益，促进汽车数据合理开发利用。

该规定明确了汽车数据的定义范围，除了公民个人信息外，还包括重要敏感区域的地理信息、人员流量、车辆流量、物流等重要数据；明确了汽车数据处理者的义务和法律责任；明确了重要数据应当依法在境内存储，因业务需要确需向境外提供的，应当通过国家网信部门会同国务院有关部门组织的安全评估的重要规则；明确了汽车数据监管部门的安全监督管理职责等。

其中，第 16 条规定，“国家加强智能（网联）汽车网络平台建设，开展智能（网联）汽车入网运行和安全保障服务等，协同汽车数据处理者加强智能（网联）汽车网络和汽车数据安全防护”，这充分体现了国家通过互联网方式加强汽车数据安全管理的决心与信心，不久国家便发布了《关于加强车联网网络安全和数据安全工作的通知》。

4.《关于加强车联网网络安全和数据安全工作的通知》

《关于加强车联网网络安全和数据安全工作的通知》于 2021 年 9 月 15 日由工信部发布，通知对象，即责任部门包括各级政府工信主管部门、通信管理局、三大运营商（中国移动、中国联通、中国电信）、有关智能网联汽车生产企业、车联网服务平台运营企业、有关标准化技术组织。

该通知指出，车联网是新一代网络通信技术与汽车、电子、道路交通运输等领域深度融合的新兴产业形态。智能网联汽车是搭载先进的车载传感器、控制器、执行器等装置，并融合现代通信与网络技术，实现车与车、路、人、云端等智能信息交换、共享，具备复杂环境感知、智能决策、协同控制等功能，可实现“安全、高效、舒适、节能”行驶的新一代汽车。在产业快速发展的同时，车联网安全风险日益凸显，车联网安全保障体系亟须健全完善。

该通知对车联网网络安全防护、服务平台安全防护、智能网联汽车安全防护和数据安全管理、车联网安全标准建设等方面提出了具体要求和有效措施，使汽车数据安全与保护更加全面、系统，汽车行业的网联化特征进一步显现。

在推进汽车行业网联化建设的同时，国家也在推动汽车领域智能化的测试与示范应用。

5.《智能网联汽车道路测试与示范应用管理规范（试行）》

2021 年 7 月 27 日，工业和信息化部、公安部、交通运输部三部门联合印发《智能网联汽车道路测试与示范应用管理规范（试行）》，旨在加快制造强国、科技强国、网络强国、交通强国建设，推动汽车智能化、网联化技术应用和产业发展，规范智能网联汽车道路测试与示范应用。该管理规范自 2021 年 9

月1日起施行。

该管理规范在道路测试与示范应用主体、驾驶人及车辆、道路测试申请、示范应用申请、道路测试与示范应用管理、交通违法与事故处理等方面进行了明确规定，为我国汽车行业的智能化建设奠定了基础。

相较于网联化、智能化，我国汽车行业的电动化建设起步较早，在2020年国务院办公厅就出台了《新能源汽车产业发展规划（2021—2035年）》。

6.《新能源汽车产业发展规划（2021—2035年）》

2020年10月20日，国务院办公厅出台了《新能源汽车产业发展规划（2021—2035年）》。旨在推动新能源汽车产业高质量发展，加快建设汽车强国。

该发展规划指出，发展新能源汽车是我国从汽车大国迈向汽车强国的必由之路，是应对气候变化、推动绿色发展的战略举措。自2012年国务院发布《节能与新能源汽车产业发展规划（2012—2020年）》以来，我国坚持纯电驱动战略取向，新能源汽车产业发展取得了巨大成就，成为世界汽车产业发展转型的重要力量之一。与此同时，我国新能源汽车发展也面临核心技术创新能力不强、质量保障体系有待完善、基础设施建设仍显滞后、产业生态尚不健全、市场竞争日益加剧等问题。

该发展规划从新能源汽车的发展趋势入手，阐明了我国新能源汽车产业发展的总体思路、基本原则和发展愿景，接着从提高技术创新能力、构建新型产业生态、推动产业融合发展、完善基础设施体系、深化开放合作、保障措施方面进行全面论述，对推动我国新能源汽车产业的高质量发展，具有指导意义和实践价值。

7.《2030年前碳达峰行动方案》

2021年10月24日，国务院印发《2030年前碳达峰行动方案》。

该方案明确：到2030年，非化石能源消费比重达到25%左右，单位国内生产总值二氧化碳排放比2005年下降65%以上，顺利实现2030年前碳达峰目标。

为了实现碳达峰目标，该方案提出，重点实施能源绿色低碳转型行动、节能降碳增效行动、工业领域碳达峰行动、城乡建设碳达峰行动、交通运输绿色低碳行动、循环经济助力降碳行动、绿色低碳科技创新行动、碳汇能力巩固提升行动、绿色低碳全民行动、各地区梯次有序碳达峰行动等“碳达峰十大行动”。

其中，工业领域碳达峰行动和交通运输绿色低碳行动与汽车产业密切相关，有助于促进汽车产业链中诸如钢铁、有色金属、建材、石化化工等上游产业链的节能减排，也有利于推动汽车产业链下游的交通基础设施建设的低碳化。

8.《家用汽车产品修理更换退货责任规定》（2021）

《家用汽车产品修理更换退货责任规定》于2021年7月22日由国家市场监督管理总局公布，自2022年1月1日起施行。

该规定进一步加强了对消费者的保护力度，加大了经营者的三包责任，扩大了家用汽车三包调整范围，进一步完善了相关监管制度。尤其是关于退、换货的新规定值得关注，例如：家用汽车产品自三包有效期起算之日起7日内，因质量问题需要更换发动机、变速器、动力蓄电池、行驶驱动电机或者其主要零部件的，可免费更换或者退货。家用汽车产品自三包有效期起算之日起60日内或者行驶里程3000公里之内（以先到者为准），因质量问题出现转向系统失效、制动系统失效、车身开裂、燃油泄漏或者动力蓄电池起火的，可免费更换或者退货。

该规定是针对家用汽车的销售者应承担的产品责任（三包责任），是对《民法典》侵权责任编第四章"产品责任"章节相关内容在家用汽车领域的细化。三包规定不完全等同于汽车召回制度，汽车召回制度侧重于行政监管，维护的是公共安全和公共利益，调整对象还包括商用车，主要针对的是因生产者的原因导致的批量、系统性的缺陷问题。

9.《外商投资准入特别管理措施（负面清单）（2021年版）》和《自由贸易试验区外商投资准入特别管理措施（负面清单）（2021年版）》

2021年12月27日，国家发展和改革委员会、商务部发布《外商投资准入特别管理措施（负面清单）（2021年版）》和《自由贸易试验区外商投资准入特别管理措施（负面清单）（2021年版）》，自2022年1月1日起施行。

《外商投资准入特别管理措施（负面清单）（2021年版）》将外资准入负面清单缩减至31条，《自由贸易试验区外商投资准入特别管理措施（负面清单）（2021年版）》将外资准入负面清单缩减至27条，是中国扩大高水平开放，推动经济高质量发展的重要举措。其中，涉及汽车行业的变化是：汽车制造领域，取消乘用车制造外资股比限制以及同一家外商可在国内建立两家及两家以下生产同类整车产品的合资企业的限制。

（三）争议解决概述

通过关键字搜索查询聚法案例网上已经公开的数据，经统计分析得出2021年度我国汽车行业争议解决呈现以下特点：

1. 总体上纠纷较2020年有所减少，2020年和2021年合资品牌类的纠纷均多于自主品牌类

以典型的合资品牌①和自主品牌②车企为关键字，搜索审判年限为2021年、2020年的纠纷解决情况，截至2022年3月公开的一审民商事案件③的判决（不排除相关数据会因本次查询时存在2021年案件未结的情况而有所出入），2021年涉及的民商事案件数量总计为746件，其中合资品牌涉及的案件数量为424件，占比56.84%；自主品牌涉及的案件数量为322件，占比43.16%。2020年涉及的民商事案件数量总计为1600件，其中合资品牌涉及的案件数量为1047件，占比65.44%；自主品牌涉及的案件数量为553件，占比34.56%。

与2020年相比，2021年上述品牌涉及的民商事案件数量减少了854件。

2020年度，合资品牌涉及的纠纷数量要多于自主品牌。合资品牌中，合同与准合同纠纷、侵权责任纠纷、知识产权与竞争纠纷、物权纠纷的数量分别为484件、182件、149件和28件。自主品牌中，合同与准合同纠纷、侵权责任纠纷、物权纠纷和知识产权与竞争纠纷的数量分别为278件、68件、16件和15件。

2021年度，合资品牌涉及的纠纷数量也要多于自主品牌。合资品牌中，合同与准合同纠纷、侵权责任纠纷、知识产权与竞争纠纷、物权纠纷的数量

---

① 合资品牌包括大众（上汽大众汽车有限公司）、奔驰（北京奔驰汽车有限公司）、宝马（华晨宝马汽车有限公司）、通用（上海通用汽车有限公司、上海通用汽车销售有限公司）、福特（长安福特汽车有限公司）、特斯拉（特斯拉汽车销售服务在各地的企业和拓速乐汽车销售服务在各地的企业）、本田（东风本田汽车有限公司、广汽本田汽车有限公司）、丰田（天津一汽丰田汽车有限公司、一汽丰田汽车销售有限公司和广汽丰田汽车有限公司）、日产（东风汽车有限公司）、现代（北京现代汽车有限公司）和标致—雪铁龙（神龙汽车有限公司和东风标致雪铁龙汽车销售有限公司）。

② 自主品牌包括上汽（上海汽车集团股份有限公司乘用车分公司）、广汽（广汽乘用车有限公司）、长安（重庆长安汽车股份有限公司）、吉利（浙江豪情汽车制造有限公司、浙江吉利汽车有限公司和浙江吉利控股集团汽车销售有限公司）、长城（长城汽车股份有限公司）、比亚迪（比亚迪汽车有限公司和比亚迪汽车销售有限公司、比亚迪汽车工业有限公司和比亚迪供应链管理有限公司）和奇瑞（奇瑞汽车股份有限公司和奇瑞汽车销售有限公司）。

③ 不含劳动争议、人事争议、婚姻家庭、继承纠纷、非讼程序案件。

分别为245件、87件、48件和22件。自主品牌中，合同与准合同纠纷、侵权责任纠纷、物权纠纷和知识产权与竞争纠纷的数量分别为247件、34件、9件和8件。

相较于2020年度，2021年度上述品牌涉及的民商事案件纠纷数量减少与2021年疫情防控进入常态化、经济逐步复苏不无关系。连续两年合资品牌涉及的纠纷数量多于自主品牌，一定程度上反映了我国汽车产业在技术等方面需要与国外品牌合作的现状。

2. 保理合同案件总体较少但仍有所增加，融资租赁合同案件数量居高不下

以保理合同纠纷为案由、案件事实关键字"汽车"进行搜索，2020年案件数量为7件，2021年案件数量为13件。保理作为汽车供应链新的融资方式，随着民法典等法律法规的完善，今后相关业务及纠纷均会有所增加。

以融资租赁合同纠纷为案由、案件事实关键字"汽车"进行搜索，2020年案件数量为14832件，2021年案件数量为10571件。融资租赁作为汽车销售的重要方式，在解决用车主体融资需求、促进汽车销售等方面发挥了积极作用，该类纠纷数量居高不下，反映了汽车金融的现状。

3. 反不正当竞争与知识产权保护仍是汽车行业的"重头戏"

以不正当竞争纠纷为案由、案件事实关键字"汽车"进行搜索，2020年案件数量为177件，2021年案件数量为86件。随着国家对汽车行业不正当竞争打击力度的加大，以及后疫情时期车企之间加快兼并重组，不正当竞争纠纷有所减少，但今后仍会是汽车行业的重点。

以知识产权权属、侵权纠纷为案由、案件事实关键字"汽车"进行搜索，2020年案件数量为2147件，2021年案件数量为1044件。以侵害商业秘密纠纷为案由、案件事实关键字"汽车"进行搜索，2020年案件数量为13件，2021年案件数量为2件。

虽然知识产权类纠纷数量较2020年减少了，但由于该类纠纷的审理周期较长，不排除2021年的知识产权类案件未结、未公开的情况。随着我国汽车由传统产业向电动化、网联化和智能化转型，涉及的技术秘密、发明专利等知识产权及相关纠纷案件均会有所增多。

4. 消费者维权纠纷居高不下且备受关注

以买卖合同纠纷为案由、案件事实关键字“汽车”进行搜索，2020 年案件数量为 29606 件，2021 年案件数量为 19722 件。

以产品责任纠纷为案由、案件事实关键字“汽车”进行搜索，2020 年案件数量为 460 件，2021 年案件数量为 249 件。

由于我国汽车产、销量巨大，消费者与车企、经销商等汽车产业链相关主体之间发生诸如欺诈、产品质量、产品责任等纠纷，屡见不鲜，反映了我国汽车行业消费者维权的现状。

5. 公民个人信息保护纠纷成为新型案件且有所增加

以隐私权、个人信息保护纠纷为案由、案件事实关键字“汽车”进行搜索，2020 年案件数量为 5 件，2021 年案件数量为 9 件，与 2020 年相比，2021 年案件数量有所增加。

随着 2021 年《民法典》《个人信息保护法》等相关法律法规的出台和实施，国家对公民个人信息的保护力度越来越大，这对汽车行业来说，既是机遇，也是挑战，只有建立并不断完善对公民个人信息保护和汽车数据安全管理的制度和措施，才能不被纠纷“缠身”，才能在电动化、网联化、智能化的产业转型升级中占得先机。

6. 个人信息保护、反垄断、证券虚假陈述的行政监管力度加大

2021 年 1 月至 6 月，因相关门店未经消费者同意，也无明示、告知消费者收集、使用目的，采集上传人脸照片 43 万余张，上海小鹏汽车销售服务有限公司被上海徐汇区市场监督管理局罚款 10 万元。

2021 年 11 月 20 日，国家市场监管总局依法对 43 起未依法申报违法实施经营者集中案作出行政处罚决定，其中，百度在线网络技术（北京）有限公司与浙江吉利控股集团有限公司设立合营企业违反反垄断法，分别被罚 50 万元。

2021 年 9 月 15 日，中国证监会认定华晨集团披露的 2017 年、2018 年年度报告存在虚假记载、以虚假申报文件骗取公开发行公司债券核准、非公开发行公司债券披露的文件虚假记载、银行间债券市场信息披露违法、未按规定及时披露相关信息，合计罚款 5360 万元。

我国在 2021 年加大了对个人信息保护、反垄断和惩治证券虚假陈述等方面的力度，与国家近年来在个人信息保护、反垄断和证券虚假陈述的相关立法加大力度紧密相关，反映了此类问题的严重性和治理的必要性、紧迫性，

从长远来看，有利于汽车产业高质量发展。

二、典型案例

【纠纷1】投融资类纠纷：爱思开实业（中国）投资有限公司、辽宁协同庆投资有限公司股权转让纠纷案[①]

【基本案情】

爱思开实业（中国）投资有限公司（以下简称爱思开公司）与沈阳交通建设投资有限公司（以下简称交投公司）系沈阳爱思开汽车客运站有限公司（以下简称沈阳爱思开）的股东，占股比例分别为75%和25%。

辽宁协同庆投资有限公司（以下简称协同庆公司）与爱思开公司于2017年12月27日签订《股权转让协议》《补充协议》。在准备股权转让工商变更登记文件时，交投公司拒绝配合签署由爱思开公司准备的新的公司章程，导致股权转让变更登记文件始终无法完备。后双方就合同如何继续履行进行多次协商未果，爱思开公司以协同庆公司未支付剩余股权转让款构成违约为由发出书面通知，解除《股权转让协议》《补充协议》。为此，协同庆公司起诉要求爱思开公司双倍返还定金4000万元。爱思开公司反诉请求法院确认解除《股权转让协议》《补充协议》，并没收定金2000万元和赔偿损失404.22万元。

【争议焦点】

协同庆公司未支付剩余股权转让款，是否构成违约？

【裁判观点】

一审辽宁省沈阳市中级人民法院认为，协同庆公司给付剩余股权转让款的条件并未成就，协同庆公司没有给付股权转让款并未构成违约；由于交投公司原因致使双方签订的股权转让协议一直在履行过程中且双方一直在协商解决相应问题而未能确定协商一致的解决方案。由于双方对解决相应问题的协商过程长达两年且不能达成协商一致的解决方案，致使在事实上，案涉《股权转让协议》已经客观不能履行。故，爱思开公司以通知方式解除合同不再

① 辽宁省高级人民法院（2021）辽民终107号民事判决书，摘录自中国裁判文书网，https://wenshu.court.gov.cn/website/wenshu/181107ANFZ0BXSK4/index.html?docId=295f8f27af604de29150acf800225e7e。

转让股权亦未构成根本违约。由于客观意外事件原因致使合同不能履行而解除合同，在协同庆公司和爱思开公司均未构成根本违约的情况下，不能适用定金罚则。据此，一审法院作出（2019）辽01民初1125号民事判决，判决确认《股权转让协议》及《补充协议》于2019年7月23日解除，爱思开公司返还定金及预付款2000万元并支付逾期返款利息损失。

爱思开公司不服一审判决，提起上诉。

二审法院认为，结合双方的诉辩主张，原判认定协同庆公司未支付剩余股权转让款不构成违约是否妥当为本案二审争议的焦点。本案中，协同庆公司与爱思开公司签订《股权转让协议》的目的是获取爱思开公司持有的沈阳爱思开75%股权，从而控制运营沈阳爱思开，爱思开公司通过转让沈阳爱思开75%股权的方式获取股权转让款。为顺利实现《股权转让协议》的目的，协同庆公司与爱思开公司在《股权转让协议》第3条第3.2款、第3.3款中约定：转让方应于2018年3月16日以前，准备本次股权转让相关工商变更登记手续所需的、应由转让方准备的文件，具体包括目标公司同意本次股权转让的董事会决议、目标公司另一方股东关于同意本次股权转让并放弃优先购买权的函件、转让方委派董事的免职文件。受让方应于2018年3月16日以前，准备本次股权转让相关工商变更登记手续所需的、应由受让方出具的文件并办理相关手续，包括但不限于办理公司名称变更核准手续、与交投公司协商并签署新的公司章程、选定目标公司董事等。为确保上述材料能够办理股权变更登记，协同庆公司与爱思开公司又在《补充协议》第4条中约定：双方一致同意共同委托北京金诚同达律师事务所沈阳分所律师，对股权变更登记相关申请材料是否已完备进行确认。经该律师确认转让方按原协议第3.2条约定准备的文件符合股权转让登记相关需要的，受让方应按原协议约定向转让方支付剩余股权转让款，待转让方确认收到上述款项后，该律师、转让方及受让方立即到工商部门办理本次股权转让相关工商变更登记手续。但爱思开公司并未提供证据证明其提供的材料按约定委托北京金诚同达律师事务所沈阳分所律师进行确认，且沈阳爱思开的另一股东交投公司并未按照爱思开公司提供的《董事会决议》记载的内容与协同庆公司签订新的公司章程。然而，没有新的公司章程即不能进行案涉股权变更登记，故爱思开公司按照《股权转让协议》第3.3款约定提供的董事会决议未能产生交投公司签署新的公司章程的效果，既不具有《补充协议》第4条约定的形式要件，亦未产生实现《股权转让协议》目的的实质功能，不符合约定。所以原判认定案涉股权转让款的支付条件尚未成就，协同庆公司未支付剩余股权转让款不构成违约，符合客观实际，并无不妥。

【纠纷观察】

该案系投资方在收购汽车客运企业过程中，因其他股东原因导致收购失败的案例。目前汽车行业的激烈竞争加速了车企之间的重组整合，产业转型升级带来更多的投资机会，汽车行业的投融资主体如何防范法律风险，提高交易的成功率，该案具有借鉴意义。

实践中，汽车行业的投融资方式除了诸如本案中的股权转让，还有新设公司、增资扩股、债转股等方式。可以说，不同的投融资方式，有着不同的交易架构，法律风险防范重点也不同。无论什么样的投融资方式，投资主体对交易对象和关联方进行商务、财务、法律等全方位的尽职调查，对法律风险的识别与防范，避免法律纠纷，是必要且重要的。

【纠纷2】供应链类纠纷：天津rz汽车配件有限公司与北京dk科技有限公司合同纠纷争议仲裁案[①]

【基本案情】

2014年12月9日，申请人天津rz汽车配件有限公司（以下简称申请人）与被申请人北京dk科技有限公司（以下简称被申请人）签订本案合同，申请人成为被申请人的供应商。在本案合同中，双方还约定要签订商务协议，但在实际履行过程中，双方并没有签订商务协议，仅签订了价格协议和采购订单。

2016年8月26日，被申请人通过电子邮件方式通知申请人因受到市场因素变化暂缓供货，后被申请人未再给予申请人采购订单。2019年2月22日，双方形成会议纪要，记录被申请人提前断产相关联事项的确认，其中纪要载明“2. 断产通知：由于是政治因素，所以当时是不可避免的情况，因此以邮件正式通知了天津rz汽车配件有限公司”。

后申请人以被申请人要求停止供货达三年之久，构成严重违约，对申请

① 北京仲裁委员会（2020）京仲裁字第0208号裁决书。

人的权益造成重大损害为由提起仲裁，要求解除双方签订的合同，被申请人赔偿各项损失共计1000余万元。

【争议焦点】

1. 本案合同是否可以解除？

2. 被申请人是否要承担赔偿责任，如果要承担赔偿责任，要承担多大的赔偿责任？

【裁判观点】

1. 本案合同是否可以解除？

在汽车零部件采购关系中，汽车零部件通常都是经过设计、实验、验证达到标准后，才能作为量产零部件进行供应，所以在确定成为供应商前，供应商必然要投入大量的人力、物力做好量产准备工作。当然作为采购方也不会随意更换供应商，而是要给予供应商一个合理的订单预期，因此作为采购方和供应商势必要保持良好、稳定的合作关系，以保障最终的成品能够顺利生产。否则，如果采购方随意终止与供应商的合作，要重新完成一个合格供应商从设计到验证所耗费的时间必然会影响到最终成品的生产，也不符合商业惯例。

仲裁庭认为，首先，本案合同第8.1条约定，采购订单是以一个月的确定订单加两个月的预测形式下发。本案合同第5.1条约定，被申请人保留取消、中止采购订单的权利，但该取消、中止应由被申请人说明原因并以书面形式提前7天通知申请人。本案中，根据双方提交的证据，被申请人已经以邮件的形式提前7天通知申请人取消9月的采购订单，因此并不存在违约行为。其次，本案合同第8.1条约定，采购订单是被申请人根据商务协议、生产计划和售后服务需求编制的货物或服务需求计划，是申请人安排生产、交货，被申请人收货、验货的依据，申请人必须严格执行采购订单中有关交货价格、交货时间、交货地点、交货数量的规定。根据前述约定，采购订单系双方在履行本案合同过程中根据实际情况达成的货物或服务需求计划，采购订单的取消、中止，并不意味着本案合同的终止。

本案合同没有明确约定合同期限，被申请人亦没有以书面形式通知申请人全部或者部分终止本案合同，虽然双方曾就库存等清算事宜进行过沟通，但在沟通中双方均未明确表示要终止本案合同，故仲裁庭关于被申请人以其行为单方终止本案合同的主张不予采信，对其关于因被申请人单方终止本案合作致使合同目的无法实现的主张亦不予采信，但考虑到采购订单终止至今已经4年有余，申请人亦明确要求解除本案合同，双方已经不具备继续合作的条件和基础，故仲裁庭根据本案实际情况认定本案合同自本裁决作出之日起解除。

2. 被申请人是否要承担赔偿责任？

本案合同第17.6条约定，申请人在接到被申请人的终止合同通知后，承诺按被申请人的要求，做好被申请人资产的转移工作，同时提交一份因终止本案合同而需被申请人补偿的清单，被申请人有权审计并以审计结果予以补偿。该条对本案合同终止后的补偿事宜进行了约定，仲裁庭认为，本案合同虽经仲裁庭裁决解除，但对于合同解除后的补偿事宜双方仍应依据本案合同约定履行。

仲裁庭认为，申请人先后提交的两份审计报告，其载明的原材料、半成品、产成品总额，以及固定资产及模具原值和截止到2016年8月31日账面净值均一致。被申请人虽然对审计报告的真实性不认可，但认可审计报告原件与复印件的一致性，亦未提出相反证据，故仲裁庭对审计报告的真实性予以认可。

关于原材料、半成品和产成品的损失，结合本案合同相关约定及本案合同实际履行情况，申请人主张的原材料即产品库存约为两个月的订单量，符合本案合同约定，故仲裁庭对申请人主张被申请人应承担原材料、半成品、产成品损失6231900.89元予以支持。

关于申请人设备及模具的损失，仲裁庭根据本案具体情况，并综合本案设备及模具的属性、折旧、再利用及行业特性等实际情况，酌定被申请人应向申请人赔偿损失200万元。

【纠纷观察】

汽车零部件是整个汽车产业中不可或缺的一环，近年来因为疫情、政策等因素，导致零部件生产容易出现诸如订单取消、合作终止等问题，零部件供应商与汽车生产制造厂商之间的矛盾纠纷屡见不鲜。

该案的争议焦点在于，供应商为了确保供货而事先准备的原材料、半成品和产成品以及其他相关损失，如何确定以及责任如何分担。对此，损失方主张损失的真实性，该损失与汽车制造厂行为之间的关联性、必要性、合理性，以及双方在订单取消或合作终止中的过错程度，成为审理的重点和难点。

该案对汽车供应链相关主体如何诚信履约，在发生诸如疫情、政策变化等不可抗力或不可归责己方的事由时，如何及时、正确应对，减少各方经济损失，具有重大的借鉴意义。

【纠纷 3】消费者权益保护类纠纷：韩某与特斯拉汽车销售服务（北京）有限公司买卖合同纠纷案[①]

【基本案情】

2019 年 6 月，车主韩某通过官方渠道与特斯拉汽车销售服务（北京）有限公司（以下简称特斯拉）签订《二手车订购协议》，购买 modelS 二手车一辆。在购买之前，销售人员告诉他这辆车为官方认证二手车，没有发生重大事故、水泡、火烧和结构性损伤等问题。

随后在韩某用车过程中，车辆多次发生故障。经相关机构检测，车辆 C 柱及后翼子板有切割焊接，鉴定意见为“车牌号津 AD16231 拓速乐（特斯拉）5YJSA6H1 小型轿车是事故车”。

为此，韩某提出了原价退车或换车的请求，但遭到特斯拉的拒绝。随后，韩某以特斯拉用欺诈手段出售不符合其承诺的事故车辆诉至法院。一审法院判决，对于车主退还购车款并获得三倍赔偿的诉讼请求予以支持，判定特斯拉向韩某退还 37.97 万元购车款，并依照《消费者权益保护法》规定赔偿 113.91 万元。

特斯拉不服，于 2021 年 1 月提起上诉。2021 年 9 月，北京市第二中级人民法院作出（2021）京 02 民终 2302 号终审判决，驳回特斯拉上诉，维持原判。

【争议焦点】

特斯拉在销售涉案车辆过程中是否构成欺诈？

【裁判观点】

法院认为，特斯拉作为专业汽车制造和销售企业，在向消费者出售其官方认证二手车时，应当依据诚实信用原则，对交易车辆的状况尤其是曾经的事故和维修情况在合理范围内尽可能作出具体详细的说明，否则在双方对相关用语发生不同理解且缺乏客观权威认定标准时，应作出对特斯拉不利的解释。

---

① 北京市大兴区人民法院（2020）京 0115 民初 5311 号民事判决书，摘录自中国裁判文书网，https://wenshu.court.gov.cn/website/wenshu/181107ANFZ0BXSK4/index.html?docId=53745184e2da4713afc6313c9127139f。

本案中，在双方对涉案车辆是否因事故发生结构性损伤存在分歧的情况下，特斯拉提交的证据不足以证明其主张。另外，从特斯拉提交的涉案车辆维修照片看，涉案车辆的维修确实涉及大面积切割、焊接等，这种修理方式和程度必然对消费者的购车意愿产生重要影响，而特斯拉对消费者的告知不足以达到应有的信息披露程度，具备欺诈的客观条件。再结合本案事实，特斯拉对涉案车辆所发生的事故以及维修情况是知晓或者应当知晓的，具备欺诈的主观条件。因此，法院认为特斯拉在销售涉案车辆过程中构成欺诈。

【纠纷观察】

汽车消费者权益保护一直是汽车行业的重中之重，消费欺诈更是社会关注的焦点，主要涉及买卖合同、产品质量、维修服务、虚假宣传等方面。

在汽车消费纠纷中，消费者往往面临着专业知识缺乏、市场信息不对称等问题。司法实践中，对于消费欺诈行为的认定需要结合主、客观方面的因素综合判定。本案中，法院是基于涉案车辆确实涉及大面积切割、焊接等的维修事实，结合特斯拉汽车有义务保证所出售的车辆符合全新车辆的质量标准，认定特斯拉汽车存在欺诈的主观故意，最终认定特斯拉公司存在欺诈行为。

本案“退一赔三”的判决结果，给汽车消费领域的相关主体敲响了警钟，只有诚信、守法经营，不断提高汽车产品质量与服务水平，才能获得消费者的认可，提升自身品牌效应，最终促进我国汽车行业整体的健康繁荣发展。

【纠纷 4】实用新型专利类纠纷：宁德时代新能源科技股份有限公司与江苏塔菲尔新能源科技股份有限公司、东莞塔菲尔新能源科技有限公司等侵害实用新型专利权纠纷案[①]

【基本案情】

宁德时代新能源科技股份有限公司（以下简称宁德时代）于 2015 年 12 月 29 日向国家知识产权局提交名称为“防爆装置”的实用新型专利申请，该申请于 2016 年 5 月 11 日获得专利授权。宁德时代认为，江苏塔菲尔新能源科技股份有限公司和东莞塔菲尔新能源科技有限公司（以下统称二塔菲尔

① 福建省高级人民法院（2020）闽民初 1 号民事判决书，摘录自中国裁判文书网，https://wenshu.court.gov.cn/website/wenshu/181107ANFZ0BXSK4/index.html?docId=f8ef885e334d4279a991ad8e010c94b1。

公司）未经其许可，为生产经营目的共同制造、销售和许诺销售的规格为NCM100Ah、NCM120Ah和NCM135Ah的动力电池使用了涉案专利技术方案，构成侵害涉案专利权。上述产品不仅使用了涉案专利技术方案，而且几乎全面抄袭了宁德时代的相关专利产品，涉嫌使用宁德时代拥有的多项中国专利，认为二塔菲尔公司具有明显的侵权故意，故起诉要求二塔菲尔公司立即停止实施侵害第ZL201521112402.7号实用新型专利权的行为，包括停止制造、销售和许诺销售侵害专利权的产品，二塔菲尔公司连带赔偿经济损失1.2亿元人民币以及宁德时代为制止侵权支出的合理费用50万元人民币。而二塔菲尔公司认为公司使用的技术方案属于现有技术，不构成侵权。

经审理，福建省高级人民法院作出（2020）闽民初1号民事判决，判决二塔菲尔公司立即停止制造、销售侵害宁德时代实用新型专利权（专利号：ZL201521112402.7）的电池产品（单体型号为LAE895-100Ah、FFH3D3-120Ah和FFH3D3-135Ah）；万国（福州）汽车贸易有限公司立即停止销售装配有侵害宁德时代实用新型专利权（专利号：ZL201521112402.7）的电池产品（单体型号为LAE895-100Ah）的电动汽车；二塔菲尔公司连带赔偿宁德时代的经济损失22979287元以及宁德时代为制止侵权支出的合理费用326769元。

一审判决后，各方当事人均未提起上诉。

【争议焦点】

1. 二塔菲尔公司已就涉案专利在本案答辩期间向专利行政部门提起无效宣告，且宁德时代已经在无效程序中对涉案专利的权利要求作了修改，法院是否需要中止审理？

2. 被诉侵权产品使用的技术方案是否落入涉案专利权的保护范围？即二塔菲尔公司是否存在侵害宁德时代实用新型专利权的行为。

3. 本案赔偿损失的数额应如何确定？

【裁判观点】

针对争议焦点1，宁德时代在专利无效宣告程序中主动修改了权利要求，但只是将部分从属权利要求的特征并入原独立权利要求，并将原权利要求的序号作适应性修改调整。在二塔菲尔公司未提交充分证据能够证明涉案专利可能被全部宣告无效的情况下，依照《最高人民法院关于审理专利纠纷案件适用法律问题的若干规定》第9条规定，本案不符合中止审理的法定要件。

针对争议焦点2，宁德时代主张以涉案专利修改后的权利要求1—8确定其专利权的保护范围，法院就被诉侵权产品是否落入涉案专利1—8项权利要求的保护范围逐一分析，最终认定被诉侵权的型号为100Ah和120/135Ah电池产品的顶盖具备涉案专利权利要求1—8所对应的全部相同技术特征，落入涉案专利的保护范围。

从本院在东莞塔菲尔公司进行证据保全时，东莞塔菲尔公司总经理梁洪珉的陈述可见，东莞塔菲尔日常的管理运营、订单接收、销售记录、资料图纸的保存均由江苏塔菲尔公司统一负责。故根据前述专利法的规定，可以认定二塔菲尔公司未经专利权人许可，以生产经营为目的，分工合作，并以江苏塔菲尔公司的意志为主导，共同制造、销售落入涉案专利权保护范围的侵权产品，共同侵害了宁德时代公司涉案专利权，构成共同侵权。

针对争议焦点3，法院根据工信部的数据认定二塔菲尔公司销售的侵权电池产品的总储电量为736515.6388kWh，并综合本案实际情况酌情确定了产品单价、合理利润率和专利贡献率，最终确定损失赔偿数额的算式为：（侵权产品的总储电量）736515.6388kWh×（产品单价）1300元/kWh×（合理利润率，即宁德时代的平均营业利润率）24%×涉案专利贡献率10%，据此得出宁德时代因二塔菲尔公司侵权行为遭受的损失为22979287元。

【纠纷观察】

本案是我国首起新能源汽车动力电池专利侵权纠纷案，标的额达到1.2亿元，在汽车行业内具有较大影响，社会关注度高。

本案中，法院在确定侵权赔偿数额时，采用了精细化计算方式，让侵权人付出高昂代价，充分体现知识产权司法保护的能动作用，对保护专利权人的正当权益，支持和鼓励创新具有重要的导向意义。本案于2021年12月被评为福建法院“保护新技术新业态企业合法权益”典型案例。

在汽车行业，知识产权是企业提高核心竞争力的战略资源，也是面对激烈国际、国内竞争的重要支撑。国家在从立法、司法等多方面加大知识产权保护力度的同时，车企也应当加大知识产权研发力度，强化知识产权保护意识，做好知识产权布局与预警工作，防范知识产权侵权风险，不断提升企业的核心竞争力。

【纠纷5】反不正当竞争及车型装潢保护类纠纷：捷豹路虎有限公司与江铃控股有限公司、北京达畅陆风汽车销售有限公司不正当竞争纠纷案[①]

【基本案情】

2016年，原告捷豹路虎有限公司向北京市朝阳区人民法院提起诉讼称［案号：（2016）京0105民初10383号］，2009年2月，捷豹路虎有限公司推出五门版“揽胜极光”车型汽车，并于2010年12月20日在第八届中国（广州）国际汽车展览会上首次亮相。2011年7月4日，该五门版“揽胜极光”车型汽车正式投入生产，并于2011年11月8日进入中国市场。该车型汽车在中国经销商众多，销售业绩突出。捷豹路虎有限公司一直投入巨大成本对“揽胜极光”车型进行宣传，在长期、持续、广泛推广下，该款汽车不仅多次亮相国内外车展，也获得众多媒体的大量报道，获得众多荣誉及国内外汽车行业及汽车媒体评选的奖项。因此，“揽胜极光”车型汽车在中国已具有相当大的市场知名度，为相关公众所知悉。“揽胜极光”车型汽车采用了自身特有的下压式车顶、悬浮式车顶、上扬的特征线条、蚌壳式发动机盖、整车轮廓造型五大独特装潢设计。这些设计属于具有装饰作用的汽车整体和局部的外观构造，为形状构造类的商品装潢。经宣传和销售，“揽胜极光”车型的独特设计，已具有区别商品来源的作用，足以使相关公众将该独特装潢与捷豹路虎有限公司商品及服务联系在一起，属于受2017年《反不正当竞争法》保护的“有一定影响的装潢”。2014年，江铃控股有限公司推出一款名为“陆风X7”的汽车，该车与“揽胜极光”车型在外观视觉上基本无差别，并具有“揽胜极光”车型上述五大独特装潢设计，易使相关公众将两车型混淆，给捷豹路虎有限公司造成极大损失。故请求法院判令江铃控股有限公司立即停止涉案不正当竞争行为，包括生产、展示、预售和销售产品名称为“陆风X7”、产品型号为JX7200和JX7200L的汽车；判令北京达畅陆风汽车销售有限公司立即停止涉案不正当竞争行为，包括停止展示、预售和销售“陆风X7”汽车；判令江铃控股有限公司、北京达畅陆风汽车销售有限公司共同赔偿经济损失

① 北京知识产权法院（2019）京73民终2033号民事判决书，摘录自中国裁判文书网，https://wenshu.court.gov.cn/website/wenshu/181107ANFZ0BXSK4/index.html?docId=eedaa914a95742ab997dad42000a1fa5。

1273275.655元及合理费用226724.345元；判令江铃控股有限公司、北京达畅陆风汽车销售有限公司在江铃控股有限公司网址为www.landwind.com的官方网站及《中国汽车报》上联名发表公开声明，以消除给捷豹路虎有限公司造成的不良影响。

经审理，北京市朝阳区人民法院作出一审判决，判决：一、被告江铃控股有限公司立即停止涉案不正当竞争行为，包括生产、展示、预售和销售产品名称为“陆风X7”、产品型号为JX7200和JX7200L的汽车的行为；二、被告北京达畅陆风汽车销售有限公司立即停止涉案不正当竞争行为，包括停止展示、预售和销售产品名称为“陆风X7”、产品型号为JX7200和JX7200L的汽车的行为；三、被告江铃控股有限公司履行在其网址为www.landwind.com的官方网站上及《中国汽车报》上公开发表声明的义务（在网络媒体上的发布持续时间不少于7日），消除因本案不正当竞争行为给原告捷豹路虎有限公司造成的不良影响（声明内容需送一审法院审核，逾期未履行，本院将在相关媒体上公布本判决相关内容，费用由被告江铃控股有限公司承担）；四、被告江铃控股有限公司赔偿原告捷豹路虎有限公司经济损失人民币1273275.655元及合理费用人民币226724.345元；五、驳回原告捷豹路虎有限公司的其他诉讼请求。

江铃控股有限公司不服一审判决，上诉至北京知识产权法院。

2021年5月27日，北京市知识产权法院作出（2019）京73民终2033号终审判决：

一、维持北京市朝阳区人民法院（2016）京0105民初10383号民事判决第三项、第四项；

二、撤销北京市朝阳区人民法院（2016）京0105民初10383号民事判决第五项；

三、变更北京市朝阳区人民法院（2016）京0105民初10383号民事判决第一项为江铃控股有限公司立即停止展示产品名称为“陆风X7”、产品型号为JX7200L的汽车的行为；

四、变更北京市朝阳区人民法院（2016）京0105民初10383号民事判决第二项为北京达畅陆风汽车销售有限公司立即停止涉案不正当竞争行为，包括停止展示、预售和销售产品名称为“陆风X7”、产品型号为JX7200L的汽车的行为；

五、驳回捷豹路虎有限公司的其他诉讼请求；

六、驳回江铃控股有限公司的其他上诉请求。

【争议焦点】

1. 本案是否适用 2017 年《反不正当竞争法》？

2. 捷豹路虎有限公司“揽胜极光”车型设计是否属于有一定影响的装潢？

3. 江铃控股有限公司及北京达畅陆风汽车销售有限公司涉案行为是否构成不正当竞争？

4. 一审法院认定的法律责任是否合理？

【裁判观点】

1. 本案是否适用 2017 年《反不正当竞争法》？

本案中，虽然江铃控股有限公司辩称其被控侵权行为发生在 2017 年《反不正当竞争法》修订之前，但在案证据不足以证明其被控侵权行为在 2017 年《反不正当竞争法》于 2018 年 1 月 1 日施行之前就已经停止，故本案被控不正当竞争行为跨越了 1993 年《反不正当竞争法》及 2017 年 11 月 4 日修订的 2017 年《反不正当竞争法》。一审法院在现行没有涉及《反不正当竞争法》新旧法适用问题规定的情况下，参照《最高人民法院关于商标法修改决定施行后商标案件管辖和法律适用问题的解释》第 6 条规定及关于法的溯及力理论，确定本案实体问题的审理适用 2017 年《反不正当竞争法》的结论并无不当，本院予以支持。

2. 捷豹路虎有限公司“揽胜极光”车型设计是否属于有一定影响的装潢？

首先，本案中，捷豹路虎有限公司主张的“揽胜极光”汽车外观五个设计特点整体上具有区别于一般汽车外观常见设计的特征，具有商品装潢应有的显著性。而且，捷豹路虎有限公司所举证据可显示出，在“揽胜极光”汽车形状装潢与捷豹路虎有限公司分离时，相关公众依然将使用“揽胜极光”汽车形状装潢的汽车认为属于捷豹路虎有限公司出品。可见，“揽胜极光”汽车形状装潢已经具有显著性，且与捷豹路虎有限公司建立起稳定的市场联系。

其次，《反不正当竞争法》所保护的商品装潢还应该具有一定知名度、影响力。根据捷豹路虎有限公司提交的“揽胜极光”车型于 2010 年至 2015 年在全国各地参加车展的报道、被外国知名汽车类平面或互联网媒体宣传推广，及各地经销商对该汽车持续的广告宣传，均可以证明“揽胜极光”车型具备宣传持续时间长、范围广的特征。同时，该车型还获得了国内外众多奖项，为国内外汽车行业及媒体知晓并认可，在相关公众中亦具有一定知晓度，足以证明该车型有一定市场声誉。此外，根据中国汽车工业协会网站转载的“揽胜极光”车型的销量报道，及该车型经销商名录、声明等证据，可以证明该车型在我国销售时间较长、销售量较高、销售范围较广。因此，在案证据足以证明“揽胜极光”汽车形状装潢已在我国具有一定知名度和影响力。

故涉案“揽胜极光”汽车外观作为形状装潢，符合2017年《反不正当竞争法》第6条第1款第1项规定的“有一定影响的装潢”的情形。

3. 江铃控股有限公司及北京达畅陆风汽车销售有限公司涉案行为是否构成不正当竞争？

通过对比捷豹路虎有限公司的“揽胜极光”汽车和江铃品牌的“陆风X7”汽车外观照片、捷豹路虎有限公司主张的五个设计特点，得出两个车型在整体视觉效果上构成近似的论证过程，以及相关公众施以一般注意力，容易对两个车型的来源发生混淆与误认。

江铃控股有限公司使用在“陆风X7”汽车上的形状装潢，足以导致相关公众将其与捷豹路虎有限公司的“揽胜极光”汽车发生混淆和误认，构成了不正当竞争。

4. 一审法院认定的法律责任是否合理？

对于损害赔偿，一审法院依据侵权商品销售量与该商品单位利润乘积计算，参考“全国汽车市场研究会”网站统计的2015年国内内资整车企业行业销售利润、江铃控股有限公司官方网站公布的销售数据及最低单价，同时考虑到涉案不正当竞争行为持续的时间、涉案汽车商品形状装潢在销售中发挥的作用、涉案“陆风X7”汽车商品的销售范围、“揽胜极光”汽车形状装潢的知名度等因素，确定经济损失的数额并无不当，二审法院予以维持。

对于合理支出部分，捷豹路虎有限公司对其主张的合理支出通过相关票据和公证书予以佐证，二审法院对一审判决认定予以支持。

关于停止不正当竞争行为，首先，捷豹路虎有限公司在本案诉讼请求中针对的涉案车型，包括江铃控股有限公司生产、销售的产品名称为“陆风X7”、产品型号为JX7200和JX7200L的汽车。经本院在二审过程中查明，江铃控股有限公司曾实际生产、销售的车型中并无编号为JX7200的车型，一审法院对相关事实的认定错误，不应判令江铃控股有限公司、北京达畅陆风汽车销售有限公司对JX7200的车型停止不正当竞争行为，本院依法予以纠正。其次，经双方在二审过程中补充举证，江铃控股有限公司依据国家机动车质量标准在2018年1月1日后，已事实上停止生产、销售涉案车型。即在本案一审判决前，江铃控股有限公司在法律上及事实上均已停止生产、销售及预售的不正当竞争行为。但是，根据捷豹路虎有限公司二审提交的证据，显示在一审判决之前，江铃控股有限公司仍对涉案车辆进行过报道、宣传，故本院确认，江铃控股有限公司在本案一审判决前并未停止展示的不正当竞争行为。因此，一审判决关于江铃控股有限公司停止不正当竞争行为的认定确有不当，应予纠正。鉴于北京达畅陆风汽车销售有限公司并未对其在一审判决前已经停止不正当竞争行为提交证据，故一审判决的此部分认定应予维持。

一审法院基于江铃控股有限公司涉案不正当竞争行为在市场上造成了相关公众对“揽胜极光”汽车与“陆风X7”汽车的混淆、误认，给捷豹路虎有限公司造成了不良影响的事实，判令江铃控股有限公司以登报声明的方式消除影响。鉴于江铃控股有限公司仍有部分不正当竞争行为，故一审法院的认定并无明显不当，本院予以维持。

【纠纷观察】

综观国内外汽车领域，汽车厂商之间的品牌类纠纷屡见不鲜，较为典型的还有石家庄双环汽车股份有限公司与本田技研工业株式会社的外观设计专利侵权纠纷系列案件、通用汽车公司诉奇瑞汽车QQ车型抄袭雪佛兰Spark车型案等。

本案是汽车行业“品牌抄袭”纠纷中的典型案例，从2016年捷豹路虎有限公司起诉开始就备受社会关注，外国车企与国内车企之间的较量，最终于2021年落下帷幕。虽然历时较长，但法院的判决结果体现了我国对知识产权的保护是不分国界的，也时刻提醒着我国车企不应抄袭他人的知识成果，应当从长远着手，一步一个脚印地创造属于自己的中国品牌。

【纠纷6】反不正当竞争类纠纷：北京人人车旧机动车经纪有限公司与北京爱奇艺科技有限公司等不正当竞争纠纷案[①]

【基本案情】

车好多旧机动车经纪（北京）有限公司、金瓜子科技发展（北京）有限

① 北京市朝阳区人民法院（2018）京0105民初74176号民事判决书，摘录自北京法院审判信息网，https://www.bjcourt.gov.cn/cpws/paperView.htm?id=000000000000000000100942807631&n=1。

公司是瓜子二手车直卖网的共同经营者。于2018年7月14日始每周六晚在北京爱奇艺科技有限公司旗下网站播出的自制节目，视频点击播放后首先进入一段广告，内容为“瓜子二手车直卖网，二手车行业领军者”。其中“领军者”为加大字体突出显示，广告页面右下方有较小字体注明“数据来源于艾瑞公开数据2017—2018年下载量为行业第一”。此外，北京人人车旧机动车经纪有限公司委托诉讼代理人调查发现此类标语和宣传广告也出现在北京市各公交站台、商场以及电视和App页面中。

北京人人车旧机动车经纪有限公司认为车好多旧机动车经纪（北京）有限公司、金瓜子科技发展（北京）有限公司的行为属于为获取竞争优势，过分夸大自身实际水平，误导相关公众的虚假宣传，不仅扰乱了市场竞争秩序，也不当减损了北京人人车旧机动车经纪有限公司的交易机会，给北京人人车旧机动车经纪有限公司造成了严重的经济损失。

为此，北京人人车旧机动车经纪有限公司向法院提出诉讼请求：1.车好多旧机动车经纪（北京）有限公司、金瓜子科技发展（北京）有限公司、北京爱奇艺科技有限公司立即停止涉案虚假宣传行为；2.判令车好多旧机动车经纪（北京）有限公司、金瓜子科技发展（北京）有限公司共同在瓜子二手车直卖网首页、瓜子二手车直卖网微信公众号显著位置持续120日发布赔礼道歉声明以及消除影响声明，北京爱奇艺科技有限公司在爱奇艺网首页显著位置持续120日发布赔礼道歉声明以及消除影响声明；3.判令北京爱奇艺科技有限公司、车好多旧机动车经纪（北京）有限公司、金瓜子科技发展（北京）有限公司共同赔偿北京人人车旧机动车经纪有限公司经济损失2000万元。

【争议焦点】

1.车好多旧机动车经纪（北京）有限公司、金瓜子科技发展（北京）有限公司是否存在虚假宣传？

2.北京爱奇艺科技有限公司与车好多旧机动车经纪（北京）有限公司、金瓜子科技发展（北京）有限公司是否构成共同侵权？

【裁判观点】

就争议焦点1，法院认为，北京人人车旧机动车经纪有限公司、车好多旧机动车经纪（北京）有限公司、金瓜子科技发展（北京）有限公司均系二手车交易经纪服务的提供者，其提供服务的对象、方式、内容、范围均具有高度重合性，属于同业竞争者。北京爱奇艺科技有限公司虽然属于视频内容提供商，但在本案中，其作为广告平台发布者亦参与到被诉虚假宣传广告的投放中，其行为属于市场竞争行为，应当受到反不正当竞争法的调整。《反不正当竞争法》（2019 年修订）第 8 条规定，经营者不得对其商品的性能、功能、质量、销售状况、用户评价、曾获荣誉等作虚假或者引人误解的商业宣传，欺骗、误导消费者。

本案被诉虚假宣传内容使用的广告标语既无充分依据又与事实不符，其目的在于使消费者认为瓜子二手车是最好、最优的二手车交易平台，通过使用引人误解的宣传用语影响消费者的购买决策从而获得更多交易机会，该行为扰乱了公平的市场竞争秩序，构成虚假宣传。车好多旧机动车经纪（北京）有限公司、金瓜子科技发展（北京）有限公司应当承担停止虚假宣传并承担消除影响、赔偿损失的法律责任。

就争议焦点 2，法院认为，北京爱奇艺科技有限公司作为涉案广告的发布平台，应当对节目中的广告内容进行合理审查。北京爱奇艺科技有限公司作为从事广告发布的专门平台，应当知道车好多旧机动车经纪（北京）有限公司、金瓜子科技发展（北京）有限公司投放的广告内容缺乏充分依据极易造成消费者的误解，其仍为获取商业利益而发布了涉案广告，与车好多旧机动车经纪（北京）有限公司、金瓜子科技发展（北京）有限公司共同实施了涉案虚假宣传行为。北京爱奇艺科技有限公司应当就该行为承担停止宣传、赔偿损失、消除影响的连带责任。

2020 年 10 月 30 日，北京市朝阳区人民法院作出（2018）京 0105 民初 74176 号民事判决，判决：车好多旧机动车经纪（北京）有限公司、金瓜子科技发展（北京）有限公司、北京爱奇艺科技有限公司立即停止涉案虚假宣传的行为，履行在官网等相关平台中连续 3 日刊登声明的义务，以消除涉案虚假宣传行为对北京人人车旧机动车经纪有限公司造成的不良影响，并赔偿北京人人车旧机动车经纪有限公司经济损失 100 万元。该判决现已生效。

【纠纷观察】

人人车与瓜子二手车及其母公司车好多集团在法庭上的纠葛由来已久。据裁判文书网显示，在与人人车的多次交锋中，车好多多次败诉。与此同时，车好多也频因数据造假、虚假宣传、欺骗消费者等被通报批评甚至罚款。

虚假宣传的另一面，是瓜子二手车在营销上的巨额投入。公开资料显示，瓜子二手车的前身是赶集网旗下的赶集好车，于 2015 年 9 月 27 日正式上线。

同年11月25日，瓜子独立运营，杨浩涌出任CEO，以个人投资者身份，投资6000万美元。成立之初，瓜子二手车CEO杨浩涌就秉承着“用烧钱方式，使品牌占领用户心智”的理念，大手笔投入广告营销。2016年，公司广告投放费用高达10亿元，到了2019年，投放金额已超过20亿元。长期以来，瓜子二手车不惜砸重金请当红明星代言，洗脑广告更是令人印象深刻。但巨额的营销费用并未拉动公司业绩增长，反而造成了公司亏损。

人人车与瓜子二手车之间的系列纠纷，反映了汽车销售行业竞争的激烈程度。车企之间的正当竞争关系，不仅能提高车企的竞争力，给市场带来活力，而且有利于汽车行业市场的健康良性发展。车企之间的不正当竞争行为，是国家和法律不允许的，个别企业光靠“烧钱宣传”，采用不正当手段企图抢占他人市场份额或先机，而不重视产品质量提高与优质品牌建设，最终会被市场淘汰，被消费者遗忘。

【纠纷7】涉外经销类纠纷：山东京胜机械设备有限公司与北京福田国际贸易有限公司委托合同纠纷案[①]

【基本案情】

2015年，北京福田国际贸易有限公司（以下简称福田公司，甲方）与山东京胜机械设备有限公司（以下简称京胜公司，乙方）在北京签署《售后配件供销合作协议》《现场技术支持协议》《销售合同（适用于内销）》，双方约定：福田公司授权京胜公司从事中国路桥项目在塞内加尔捷斯—图巴收费高速公路项目福田公司出口的车辆产品的售后配件供应和服务、处理客户需求并消除客户抱怨等工作，支付相应的人员费用；福田公司将配件按照福田公司与用户确定的销售价格80%的水平向京胜公司销售，京胜公司先支付20%预付款，其余80%货款京胜公司应在出库（福田公司仓库）日360天后付清；对于使用保内配件维修所需配件款，在实际使用后由福田公司按季度向京胜公司支付。

---

① 北京市第四中级人民法院（2018）京04民初621号民事判决书，摘录自中国裁判文书网，https://wenshu.court.gov.cn/website/wenshu/181107ANFZ0BXSK4/index.html?docId=5c4cec96f75c4c7197dead01000a9dac。

后双方因相关费用结算问题产生争议，京胜公司起诉至北京市第四中级人民法院要求福田公司支付所欠配件款、人员工资、库存费用共计5633500元和相关利息、违约金等。福田公司提出反诉，要求京胜公司向福田公司支付塞内加尔项目配件尾款2624623.27元和相关利息、违约金等。

2020年12月25日，北京市第四中级人民法院作出（2018）京04民初621号民事判决：

一、被告（反诉原告）福田公司向原告（反诉被告）京胜公司支付货款1216000元及人员工资249000元；

二、被告（反诉原告）福田公司赔偿原告（反诉被告）京胜公司损失400000元；

三、被告（反诉原告）福田公司向原告（反诉被告）京胜公司支付逾期付款利息；

四、原告（反诉被告）京胜公司向被告（反诉原告）福田公司支付货款2624600元；

五、原告（反诉被告）京胜公司向被告（反诉原告）福田公司支付违约金39979.01元及逾期付款利息；

六、驳回原告（反诉被告）京胜公司的其他本诉请求；

七、驳回被告（反诉原告）福田公司的其他反诉请求。

上述判决现已生效。

【争议焦点】

1. 北京市第四中级人民法院对本案是否有管辖权？

2. 双方之间属于何种法律关系？

3. 京胜公司是否有权向福田公司主张赔偿库存配件积压造成的损失以及损失如何确定？

【裁判观点】

1. 北京市第四中级人民法院对本案是否有管辖权？

本案系福田公司委托京胜公司从事境外售后配件供应与服务工作而产生的纠纷，属涉外民事纠纷，双方之间《售后配件供销合作协议》《现场技术支持协议》约定的甲方（福田公司）住所地及两份《销售合同（适用于内销）》所约定的合同签订地均位于北京市昌平区。本院作为北京市按照级别管辖标准集中受理涉外商事案件的中级人民法院受理该案后，福田公司曾于提交答辩状期间向本院提出管辖权异议，后又于2019年6月10日申请撤回管辖权异议，接受本院管辖，进行了应诉答辩并提出了反诉请求，且本案标的额并未超过2亿元，本院受理本案不违反级别管辖和专属管辖的规定，本院对本案有管辖权。

2. 双方之间属于何种法律关系？

按照双方合同中关于权利义务的约定，本案中双方之间形成了委托法律关系与配件供销关系，福田公司委托京胜公司从事在塞内加尔项目中汽车的售后配件供应和服务、处理客户需求并消除客户抱怨等工作，支付相应的人员费用。对于使用保内配件维修所需配件款，在实际使用后由福田公司按季度向京胜公司支付。上述内容系双方之间委托处理售后服务事项的主要内容。

京胜公司与福田公司除形成服务上的委托合同关系外，尚存在国内货物买卖关系，即福田公司按照需求以与客户所确定销售价格的80%向京胜公司提供部分原厂配件以供其出口至塞内加尔的配件库后进行相应的售后服务使用。京胜公司在塞内加尔的配件库中供售后服务所用的配件，虽然有部分来自福田公司的原厂配件，但是在运行上仍属于自行组织采购，并将配件销售给客户，由客户按照福田公司与客户商议的价格直接与京胜公司结算。故京胜公司向客户进行保修范围外的配件销售，属于其与客户之间另外形成的销售关系。在该销售关系下，虽然京胜公司是在以为福田公司进行售后服务的名义销售相应的配件，但是从福田公司向其支付保内配件款以及用户与其直接结算非质保配件款可以看出，京胜公司实际上系独立从事在塞内加尔项目中相关配件的销售，而并非作为福田公司的受托人进行上述销售，只不过由于委托关系的存在其销售行为受到基于受托处理售后事宜的一定限制如价格的确定、费用支付的主体、出库的时长等。因此，综合京胜公司的诉讼请求及福田公司的反诉请求，本院在本案中仅对双方之间的委托售后技术支持以及售后配件供销关系的部分进行审理。

依法成立的合同，对当事人具有法律约束力。本案中，当事人在就售后配件供应与服务等事项先后签订的《售后配件供销合作协议》《现场技术支持协议》及两份《销售合同（适用于内销）》中约定了配件款及现场技术支持服务的人员费用等金钱债权的履行期间，各方当事人均应按照协议约定的期限履行各自的付款责任，未按时支付的，对方可以要求其支付价款或者报酬。

3. 京胜公司是否有权向福田公司主张赔偿库存配件积压造成的损失及损

失如何确定？

对于京胜公司本诉请求中主张的福田公司赔偿由于未能保证第三方用户只从属地国配件库采购配件所造成的损失，本院认为，双方签订的《售后配件供销合作协议》第4.11条约定，福田公司承诺在合同执行期间，在属地国配件库的配件库存满足工地车辆需求的情况下，保证用户只能从属地国配件库采购配件，如果出现用户从第三方采购配件的情况，由此产生的一切损失由福田公司承担。由于存在此种约定，福田公司在委托合同的履行中，应当采取充分可能的措施促成上述其义务内容的实现，以保证路桥塞内加尔公司只可以在属地国京胜公司的配件库采购配件。如福田公司未能履行上述承诺，导致用户存在从京胜公司在塞内加尔的配件库之外采购配件的情形，福田公司即应当按照合同的约定对京胜公司因此所受到的实际损害承担违约责任。

但是，京胜公司提供的照片以及本院从海关调取的证据，均不能直接证明路桥塞内加尔公司存在从第三方外采的行为，京胜公司亦未能进一步举出支持其主张的用户从第三方采购配件情况的证据，应当承担举证不能的不利后果，故本院无法认定用户存在从第三方采购配件的客观情况。尽管用户是否存在从第三方采购配件行为缺乏明确证据，但是根据福田公司当庭陈述可知，其与路桥塞内加尔公司的合同签署在先，并未能够通过合同关系等固定对于用户采购配件来源的约束性条款，导致其实际上无法保证路桥塞内加尔公司只能从属地国配件库采购配件。本院认为，福田公司在未获得任何对用户的有效约束性措施的情形下，未能在后续与京胜公司缔约过程中及时如实告知上述与合同的订立和履行密切相关的情况，反而在合同中任意向京胜公司作出前述由其承担因此产生的一切损失的承诺，属于缔约过程中的不当行为，亦不符合民法诚实信用原则的要求。由于福田公司与用户之间存在相比京胜公司而言更加密切的关系，京胜公司有理由基于上述承诺而产生对于用户在配件计划和合理损耗范围内使用其在塞内加尔配件库中库存配件的合理预期，并为此进行一定程度上的库存预备和维护的成本投入。因此如若由于福田公司承诺内容的不能实现而导致京胜公司的预期落空进而产生如向塞内加尔出口配件后产生库存积压等损失，福田公司应当承担与其过错程度相适应的赔偿责任。本院结合在案证据，综合考虑福田公司在合同订立和履行过程中诚实信用和协助义务实现过程中的过错程度、京胜公司可能因此产生的信赖利益损失、双方之间在合同中对于库存处理的安排、相应义务的违反与损失之间的因果关系以及通常情况下由于预期落空可能产生的损失等多重因素，酌定福田公司对于京胜公司的预期利益损失承担40万元的赔偿责任。京胜公司其余部分的赔偿主张，本院不予支持。

【纠纷观察】

2021年我国汽车出口量首次超过200万辆，诸如涉外经销、售后配件服务等涉外纠纷逐年增多，已经成为汽车行业争议解决的重要领域之一。

涉外纠纷除了涉及证据认定、事实查明和法律适用外，通常还涉及法院管辖权、准据法适用等程序性问题。因此，汽车行业相关主体在从事国际贸易时，应当重视合同争议条款的拟定，考虑到域外执行的便利性，建议优先选择仲裁解决纠纷，并明确各自的权利义务，避免产生歧义，同时，在纠纷发生的第一时间拿起法律武器，维护自身的合法权益。

【纠纷8】租赁合同类纠纷：HX出行有限公司济南分公司和山东dz汽车销售服务有限公司汽车租赁纠纷仲裁案[①]

【基本案情】

HX出行有限公司济南分公司（以下简称HX出行公司）和山东dz汽车销售服务有限公司（以下简称山东dz公司）于2019年6月至8月签订了四份汽车租赁合同，共承租HX出行公司32辆车，自2019年7月2日至2019年8月27日陆续提车完毕。依据合同约定，山东dz公司应在租赁期限内按月向HX出行公司支付下一期租金，且每逾期一日应当按照应付而未付金额的0.5%支付违约金，从迟延付款之日起算，至实际支付日截止。

2020年4月26日，HX出行公司向山东dz公司发出《催告函》，要求山东dz公司支付拖欠的租金，山东dz公司支付最后一笔租金至2020年5月26日，其后未再支付租金。于是2020年6月29日HX出行公司向山东dz公司发出《合同解除函》，函称山东dz公司在合同履行过程中多次逾期支付租金，通知山东dz公司本案合同于当日解除。据HX出行公司称，《合同解除函》由快递公司于2020年6月30日投递，山东dz公司于当日拒收了该解除函。随后，HX出行公司又向山东dz公司实际控制人殷庆亮送达了该解除函，殷庆亮在解除

① 北京仲裁委员会（2021）京仲裁字第2586号裁决书。

函上签字确认。

HX出行公司申请仲裁，请求本案租赁合同于2019年6月29日解除，山东dz公司归还尚未归还车辆并支付欠付租金、违约金、车辆超时占用费、代交违章费用以及仲裁费。

【争议焦点】

1. 租赁合同是否可以解除？

2. 山东dz公司要承担哪些责任？

【裁判观点】

1. 租赁合同是否可以解除？

首先，关于本案租赁合同，经仲裁庭查明，四份租赁合同皆具有法律效力，双方当事人应按约定履行义务。而经证据表明，山东dz公司的确存在欠付租金的行为，构成违约。且经HX出行公司催告后仍不履行合同，依据《中华人民共和国合同法》第94条规定，HX出行公司有权解除合同，通知到达时解除。

2019年6月30日，山东dz公司拒收该《合同解除函》，应当视为已送达山东dz公司。且HX出行公司在解除函被拒收后，又向山东dz公司实际控制人送达了该函并由其签收，亦可证明山东dz公司已收到该解除函。

2. 山东dz公司要承担哪些责任？

（1）关于归还车辆的请求。

仲裁庭已确认本案合同于2020年6月30日解除，合同解除后，尚未履行的，终止履行；已经履行的，根据履行情况和合同性质，当事人可以要求恢复原状、采取其他补救措施，并有权要求赔偿损失。鉴于HX出行公司在其证据4费用明细中自认已收回25台车，对于剩余的7台车，山东dz公司应向HX出行公司返还。

（2）关于欠付租金及违约金的请求。

HX出行公司主张截止到2020年6月29日欠付租金为56193.33元。仲裁庭对HX出行公司将本案合同车辆月租金按每月30天折算成每日租金予以确认。结合HX出行公司证据和庭审陈述后仲裁庭列表计算未付租金计算至本案合同解除日（2020年6月30日）为57394.29元。HX出行公司主张未付租金为56193.33元，仲裁庭予以支持。

仲裁庭认为，在租赁合同中HX出行公司约定的违约金明显过高，且违约金主要是补偿HX出行公司因山东dz公司逾期支付租金而导致的损失。因此在HX出行公司同意下，仲裁庭将违约金由按日千分之五计算调整为按未付租金总额的20%计算。

（3）关于保证金不抵扣租金和违约金的请求。

HX出行公司不同意在计算欠付租金和违约金时进行抵扣，理由是维修车辆还需要费用，但未提交相关车辆维修证据。仲裁庭已确认本案合同解除，对于山东dz公司已支付的保证金HX出行公司应予返还，本案中，山东dz公司共缴纳保证金100000元，其中车辆交通违法保证金64000元，HX出行公司应将剩余36000元保证金在山东dz公司欠付费用中进行抵扣。

同时仲裁庭认为，既然合同约定明确了罚款和该项违约金应在交通违法保证金中优先扣除，HX出行公司应当遵守合同的约定，依据各台车辆的扣分情况将罚款和该项违约金优先于涉案车辆的交通违法保证金中扣除，同时HX出行公司在其第5项仲裁请求中亦主张了车辆违章费用，且本案中还有7台车未收回，亦存在交通违章的可能。因此，对于交通违法保证金按照约定可以不退还。

（4）关于车辆超时占用费的请求。

仲裁庭认为，HX出行公司作为运营出租车辆的公司，在本案合同解除后，山东dz公司应及时返还租赁车辆，如不能及时返还车辆，必然给HX出行公司造成车辆再租赁损失，HX出行公司以租赁合同登记表约定“逾期还车，按照100元/天/台”计算车辆占用期间的超时费，仲裁庭认为有合同依据，应予支持。对于具体车辆实际还车日，HX出行公司在费用计算明细表中列明，在山东dz公司未提交相反证据的情况下，仲裁庭认可HX出行公司主张的山东dz公司还车日期。

由于本案合同仲裁庭已确认于2020年6月30日解除，山东dz公司欠付租金也计算至2020年6月30日，故车辆超时占用费应自2020年7月1日起算。

（5）关于违章费用的请求。

根据前述仲裁庭查明的事实，每台车辆的交通违法保证金为2000元，本案合同所涉及的车辆共计32台，交通违法保证金共计64000元。HX出行公司主张的交通违章费用，按照合同约定，应以交通违法保证金扣除，扣除交通违法保证金后不足的部分应由山东dz公司向HX出行公司继续支付。因此HX出行公司因车辆违章而产生的费用11060元，可在交通违法保证金64000

元中进行扣除，现扣除后不存在保证金不足偿付的情况，故仲裁庭驳回HX出行公司的此项仲裁请求。

【纠纷观察】

随着我国汽车产业的飞速发展，汽车租赁行业发展较快，车辆租赁纠纷逐年增多。租赁公司车辆作为营运性车辆，停运损失往往成为双方争议焦点。

民法典的减损规则明确了由守约方履行的法定义务，目的在于维护公平、诚信原则，防止违约情况发生后损失不必要的扩大。违约金以弥补出租人损失为限，从公平原则出发，不倾向支持过高的违约金。

疫情期间，容易出现无法跑车导致租金逾期，被租车公司起诉的情况。涉疫情的民事案件，法院或仲裁机构一般会综合疫情因素、合同约定、履行情况、过错责任等因素公平处理。因此，汽车行业相关主体在遇到类似争议时，应当本着诚实信用的原则，履行必要的通知、协助等义务，减少损失扩大。

三、热点问题观察

（一）我国对汽车行业个人信息保护和数据安全管理的力度空前，信息数据安全将会成为汽车行业的监管重点，相关争议解决也将会出现社会大众关注的热点和法律适用的难点。

立法层面，2021年施行了《民法典》《个人信息保护法》《数据安全法》《汽车数据安全管理若干规定（试行）》《关于加强车联网网络安全和数据安全工作的通知》等法律法规和其他配套的规范性文件，完善了信息数据安全保护的立法工作，使今后司法和执法有法可依。

执法层面，无论是滴滴App的下架，还是对小鹏汽车的处罚，都体现了国家对违法收集、使用公民个人信息行为的“零容忍”。

司法层面，公开的相关案件不多，但并不意味着汽车行业不存在违规处理个人信息和重要数据的情况。随着新法律法规的实施，汽车行业的相关侵权纠纷将会逐渐增多，相关纠纷第一案也会相继出现。同时，在纠纷解决过程中，如何认定相关主体的信息数据处理行为合法、正当和必要，受害者的损失如何确定以及如何准确适用法律等问题，也将成为未来的难点和热点。

目前我国汽车正处于从传统产业向电动化、网联化、智能化转型升级的关键时期，公民个人信息、行车轨迹、地理位置等重要数据必然将会通过互联网方式集中在汽车相关主体手中，由此带来的公民个人信息保护与汽车数据安全管理问题，应当引起汽车行业相关主体的高度重视，应当按照国家相关法律法规提前做好布局，完善相关制度规范和安全措施，确保对个人信息和汽车重要数据的处理合法合规，防范相关法律风险与安全风险。

（二）随着我国知识产权保护力度加大以及汽车产业战略方向的调整，知识产权领域将成为各大车企之间核心竞争力比拼的新阵地，知识产权类纠纷仍会是今后的热点。

近年来，我国不断完善知识产权立法，提高损失赔偿额上限，设立知识产权法院，司法实践中判决上千万元的高额赔偿等，都体现了我国对知识产权保护力度的加大。同时，汽车产业作为我国的支柱产业，我国对汽车产业的战略方向调整，即由传统型向电动化、网联化、智能化发展，正确引导汽车行业相关主体发展核心技术，大力鼓励拥有自己的知识产权。在法律法规和行业方向都利好知识产权的情况下，知识产权领域将成为汽车行业相关主体之间竞争的新阵地。

近年来，大量知识产权类案件的出现，就是各车企之间核心竞争力的较量在纠纷解决领域的延伸。例如：我国首起新能源汽车动力电池专利侵权纠纷案，即宁德时代新能源科技股份有限公司与江苏塔菲尔新能源科技股份有限公司、东莞塔菲尔新能源科技有限公司等侵害实用新型专利权纠纷，诉争标的额达 1.2 亿元，在汽车行业和社会上都产生了较大影响。该案涉及的三个争议焦点，均是知识产权类纠纷解决领域经常遇到的热点和难点问题，尤其是构成侵权的认定以及损失赔偿数额的确定，更是需要结合个案判定。该案中，法院采用精细化计算方式，最终确定侵权赔偿数额为 22979287 元，体现了知识产权司法保护的能动作用，支持和鼓励了汽车行业的技术创新。

（三）汽车消费市场纠纷频发，欺诈类案件备受社会关注。

2021 年，我国汽车销量高达 2627.5 万辆，因汽车买卖、产品质量引发的诉讼案件近 2 万件。这种纠纷频发的状况，一定程度上反映了我国汽车行业生产、销售环节长期存在的生产一致性问题和消费者处于弱势地位、信息不对称等问题，而且该状况在短期内无法得到彻底改变。

汽车消费市场的纠纷主要集中在因欺诈、产品质量、产品责任等关系消费者的人身和财产安全问题，尤其是因欺诈行为引发的买卖合同、产品质量、维修服务、虚假宣传等方面的纠纷，容易引起社会的广泛关注。例如：韩某与特斯拉汽车销售服务（北京）有限公司买卖合同纠纷，法院最终判决特斯拉公司“退一赔三”，充分体现了司法对消费者权益保护的力度，有助于引导相关市场主体提高汽车产品质量与服务水平，促进我国汽车产业的高质量发展。

司法实践中，消费欺诈的认定以及赔偿金额的确定，是争议解决的难点。认定市场主体对消费者是否存在隐瞒真实情况或告知虚假信息的行为，需要主客观相结合，不仅需要查明客观事实，还要根据日常经验、法律逻辑等对市场主体是否存在欺诈故意进行认定。即便构成欺诈，司法实践中对赔偿金额的确定，也不尽相同，有“退一赔三”的惩罚性赔偿，也有“退一赔一”的适当性赔偿，主要原因在于对市场主体欺诈行为的过错程度等的认定不同。

四、总结与展望

2021 年，是我国“十四五”的开局之年，尽管这一年我国汽车的生产、销售、出口等环节受到疫情影响，遇到不少困难和挑战，但是汽车行业经受住了疫情常态化后的多重考验，取得了不俗成绩。这一年，我国汽车产销分别完成 2608.2 万辆和 2627.5 万辆，同比分别增长 3.4% 和 3.8%，结束了连续 3 年的下降趋势，为我国工业经济持续恢复发展、稳定宏观经济增长贡献了重要力量。

2021 年，是我国汽车由传统产业向电动化、网联化和智能化产业转型升级的关键之年，这一年，新能源汽车终端市场爆发式增长，网联化和智能化特征逐步显现，这些都赋予了汽车企业新的机遇和挑战，谁能主动求变、应势转型，抓住未来发展机遇期，谁就有可能从产业变革大潮中脱颖而出。

2021 年，我国在立法、司法和执法方面的变化，同样给汽车行业带来了机遇和挑战。这一年，国家在公民个人信息与汽车数据安全管理方面的新立法，司法强化了保护知识产权的能动作用以及持续保护消费者权益的积极作用，行政机关对违规收集公民个人信息、违反反垄断法和证券虚假陈述等行为加强监管处罚，这都是国家在给汽车行业的高质量发展创造良好的法治环境，这是机遇，同时，这也预示着国家对汽车行业的强监管时代已经到来，这是挑战。在这种大背景下，汽车行业相关主体应当敢于挑战，抓住机遇，顺势而变，提升核心竞争力，合法、合规、诚信经营，不断发展壮大。

总的来看，2021年在国内宏观经济运行总体平稳持续恢复的背景下，汽车行业发展韧性继续保持。未来，在“电动化、网联化和智能化”的促进下，伴随着“双碳”目标的实施，汽车行业将继续积极拥抱新一轮科技革命，坚持创新驱动和技术革新，加快融入新发展格局，成为推动全球汽车行业转型升级的领跑者，为实现我国第二个百年奋斗目标做出汽车行业应有的贡献。

新数据观下的数据权属制度思考和实践

唐建国*

● **摘　要**

树立新数据观，深入认识数据以及数据资源、要素、资产和资本，探索数字经济制度创新。从数据二元化结构的视角分析数据权属，进行数据权益的双层制度设计，形成以数据载体为基础、以承载的信息内容为抓手的数据权利行使结构，维护各数据主体的正当权益，确保数据交易更加稳定安全可靠，最大限度降低数据流动的权属不确定性，以此推动数字经济立法和数据要素市场化配置改革，促进数据流动共享和应用赋能，助力数字经济可持续健康发展。

● **关键词**

数字经济　数据权属　法律制度　改革实践

Abstract: Establish a new data view, recognize data and data resources, elements, assets and capital in-depth, and explore digital economic system innovation. Analyze data ownership from the perspective of data dual structure, design a two-tier system for data rights, form a data rights exercise structure based on data carriers and take the information content carried as the starting point, safeguard the

---

* 唐建国，现任北京市大数据中心副主任，公职律师，北京仲裁委员会/北京国际仲裁中心仲裁员。

legitimate rights and interests of each data subject , to ensure that data transactions are more stable, secure and reliable, and to minimize the uncertainty of data ownership flow, so as to promote the reform of digital economy legislation and market-based allocation of data elements, promote data flow sharing and application empowerment, and help the sustainable and healthy development of the digital economy.

Key Words: digital economy, data ownership, legal system, reform practice

党中央国务院高度重视数字经济发展并将其纳入国家战略，数字经济正在成为重组全球要素资源、重塑全球经济结构、改变全球竞争格局的关键力量。数字经济是继农业经济、工业经济之后的主要经济形态，是以数据资源为关键要素，以现代信息网络为主要载体，以信息通信技术融合应用、全要素数字化转型为重要推动力，促进公平与效率更加统一的新经济形态[①]。2003 年非典疫情和 2020 年以来的新冠病毒疫情，都加速了数字经济的发展进程，前者催生了电子商务，后者将数据要素推上新型生产资料的历史舞台。**如果把数字经济比喻成蛋糕的话，数据就是面粉，用数据赋能实体经济助力降本增效，甚至创造新的数字消费需求，就是数字经济的核心价值所在。**如何把这块经济蛋糕做大做好，实现分配均衡和安全使用，必须要从制度规则入手，加快构建适应新生产力发展的新型生产关系。

数据是具有可再生能力的新“石油”，已成为我国要素市场化配置综合改革的重要内容。聚焦规模、质量、流动、安全等方面，一场数据供给侧改革之风扑面而来。笔者结合多年来参与推动信息化建设的工作经历，根据起草制定《北京市数字经济促进条例》和促进数据要素市场化配置改革中的一些实践思考，基于新数据观，尝试从法律层面认识数据，进而厘清权属问题，以促进数字经济繁荣健康发展。

一、认识数据二元化结构，构建新数据观

所谓新数据观，就是对数据的新认知。近年来，大数据、人工智能、区

① 数字经济的定义，摘自我国《“十四五”数字经济发展规划》。

块链、隐私计算等技术的快速发展，为我们提供了看清数据真容的全新视角，进而带来定分止争解决问题的可能。新数据观都包括哪些内容？笔者从如下方面逐层阐释。

（一）概念辨析

“数据”一词，英文是“data”，是指对客观事物的逻辑归纳，是用于表示客观事物的未经加工的原始素材，一般指科学实验、检验、统计等所获得的和用于科学研究、技术设计、查证、决策等的数值。

“信息”一词在英文、法文、德文、西班牙文中均是“information”，一般指音讯、消息、通信系统传输和处理的对象，泛指人类社会传播的一切内容。

“知识”一词，英文是“knowledge”，是指人类在实践中认识客观世界（包括人类自身）的成果，它包括事实、信息的描述或在教育和实践中获得的技能。

“智慧”一词，英文是“wisdom”，是生命所具有的基于生理和心理器官的一种高级创造思维能力，包含对自然与人文的感知、记忆、理解、分析、判断、升华等所有能力。

笔者认为，**从数据到信息、知识和智慧，是一个从宽口径到窄口径的演变过程**。一定意义来讲，无论文理科，所有学科都是一门“历史学”。历史的核心是智慧，读史使人明智，以此面对不确定的未来。智慧是人对知识的运用，而知识表现为信息的集合，信息有很多种载体，长期以来主要是书籍。自从1946年2月15日世界上第一台通用电子数字计算机“埃尼阿克”（ENIAC）在美国研制成功，随后以1969年美国国防部组建阿帕网为起点，人类开始从碳基时代跨越进入硅基时代。随着移动互联网的快速普及，人工智能算力和算法的突破，海量数据开始出现，大数据概念横空出世。[①] 爱因斯坦说过：“问题不能在发生的同一层面得到解答”，大数据唤醒社会隐藏的认知盈余，基于大数据，因果关系开始让位于相关关系，人们形成了一种新洞见，具备了超范围协同、超时空预判、精准调控、双向触达等解决问题的新能力，数据也成为表达信息、知识和智慧的新载体和新方式，笔者经常用文章的撰写，来类比人工智能的表达：文字好比数据，作者的脑力好比机器的算力，文字的排列组合就是一种算法。

① 2013年，英国作家维克托·迈尔－舍恩伯格和肯尼斯·库克耶出版《大数据时代》一书，标志着大数据时代的开启。

（二）数据从资源、要素、资产到资本——形态演进和价值跃升

数据，在数字经济的语境下，一般是指由具体的比特字节或者软件代码所承载表现的各种数值。在不同的生命周期，数据可以分为零次数据（原始）、一次数据（清洗）、二次数据（统计）、三次数据（研判）等不同状态。[①] 数据内容按照不同的数据计量层次，可以分为定类数据、定序数据、定距数据和定比数据。[②] 数据具有边际成本接近零、数据获得的非竞争性、使用的非排他性、价值的非枯竭性、源头的非稀缺性等特点，打破传统生产资料有限供给对经济增长的制约。**文明是流动的，流动越快越文明，数据具有类似水的流动属性，代表了一种新文明。**

数据资源，是一系列乃至规模巨大的数据集和数据库表，具有潜在的挖掘价值。数据资源的产生源起于三次信息化浪潮，第一阶段是信息化建设，主要表现为开发建设大量信息系统，随之产生必要的业务数据，由用户单位在业务场景中分析使用。第二阶段是移动互联网普及，随着电子商务的广泛应用，大量个人信息和行为数据产生，数据开始流向自动驾驶、人脸识别等人工智能应用场景，出现了《未来简史》所描述的“大数据分析使得数据比人类本身更了解自己”。第三阶段是产业互联网兴起，工业互联网、车联网、物联网的建设，使人人互联变为物物触达，物理空间开始数字化，主要用于机器读取且与个人无关的工业数据、感知数据大量出现，比如通过毫米波雷达扫描形成的体现三维坐标向量的点云数据，典型代表如二维码的普遍使用，我们称之为新型数据资源。数字经济开启了全球“新航海”时代，而**新型数据资源，就是数字经济新蓝海中的灯塔，引领探索者去发现新大陆。**

数据要素，是指按照统一标准体系对原始数据进行清洗、加工、治理，直接拿来可用并具有交易价值的数据资源。笔者用土地来对比研究数据要素的内涵，土地，作为传统经济形态的财富之母，是特定的物权对象，一般有明确的经纬度和空间范围；土地资源，泛指具有可利用价值的较大范围土地；而土地要素，则是经过“七通一平”开发的土地，可以在土地一级市场进行招拍挂交易。由此可见，**不是所有数据、所有的数据资源都能称为数据要素，**

---

① 安顺市大数据发展管理局、贵州省邮电规划设计院有限公司：《城市数据运营：开启数据要素价值释放的钥匙》，社会科学文献出版社2021年版，第19页、第21页、第23页、第24页。

② 郝海、崔晓迪主编：《统计学》，清华大学出版社2015年版，第43页。

数据要素本质上是一块“熟地”，是高价值数据资源的代名词。

数据资产，也称数据财产，是指由个人或企业拥有、控制或者应用的，能够为自身带来经济利益预期的数据资源，[①]具有现实性、可量化、可控性和经济性等基本特征。当前，互联网平台企业纷纷建立起自身的数据资产优势，其所掌握的数据规模、准确性、鲜活度，以及采集、分析、处理、挖掘数据的能力决定了企业的核心竞争力。**数据资产管理制度体系，包括登记确权、质量评价、价值评估，以及入表（纳入资产负债表）、入股（纳入企业股权出资）、入贷（纳入金融抵押贷款）、入统（纳入经济统计体系）、入税（纳入资产税收征缴）等一系列制度。**财政部 2017 年修订发布的《行政单位国有资产管理暂行办法》中，其将资产划定为：固定资产、流动资产和无形资产等。一般认为，数据资产应当与知识产权一并纳入无形资产的范畴，但是至今没有具体操作细则。应当说，如果没有上述制度的建立和实施，数据资产虽然现实存在，但不能得到法律层面的保障。

数据资本，根据麻省理工科技评论与甲骨文公司联合发布的研究报告《数据资本的兴起》，是指将数据资产的价值折算成股份或出资比例，通过数据交易和数据流动变现为资金。数据资本具有非竞争性、不可替代性等特点。**数据资本化的前提，是权属登记、质量评价、价值评估和交易流通。**在数据资产入股方面，启迪公交（北京）科技股份有限公司成为第一个“吃螃蟹”的人，该公司于 2018 年 6 月 26 日由启迪科技城集团有限公司、北京公交集团资产管理有限公司、北京融沛数据科技有限公司、北京巴士传媒股份有限公司等发起成立，按照出资协议，启迪科技城、融沛数据、北巴传媒均以现金出资，公交资产公司以系统及数据资产出资，系统资产指公交 e 路通和定制公交两个系统的所有权，数据资产指城市地面公共车辆 GPS 定位数据、调度数据、车辆 CAN 数据，以及相关的车辆、线路、场站基础数据的使用权和唯一收益权。根据第三方评估，公交资产公司系统及数据资产的评估值为 9963.19 万元，使用期限为 20 年，占企业股权比重约为 30%。

犹记 2000 年前后，中国房地产市场开始萌芽，土地房产作为生产资料登

---

① 数据资产属于会计学范畴，数据财产属于法学范畴，两者概念有所不同，但语义指向的对象基本一致，工作实践中一般以数据资产表述为主，笔者在本文中不做严格区分。但在涉及数据权属的部分，笔者从法律的视角，主要使用数据财产的表述，进而阐释数据财产权、数据财产所有权。

上舞台，带动了中国市场经济的20年繁荣。笔者认为，**从数据资源、数据要素到数据资产，再到数据资本的逐次演进，为未来中国经济增长提供强大的资本来源**。而今天的数据要素市场化配置改革和多级次交易制度，有望成为房地产市场的翻版，掀起新一轮的财富运动和更猛烈的经济浪潮。然而对比房地产制度，数据领域还有很多制度空白和阻碍，一切才刚刚开始。

（三）数据二元化结构

1905年3月，爱因斯坦在德国《物理年报》上发表了题为《关于光的产生和转化的一个推测性观点》的论文，提出波粒二象性，也就是说所有的粒子或量子不仅可以部分地以粒子的术语来描述，也可以部分地用波的术语来描述。笔者发现，数据也具有类似于波粒二象性的二元化结构特征，两者有机且统一。数据二元化结构，可以从如下两个角度来理解。

1. 法律视角：载体—内容

载体是指单纯数字化的单元，狭义来讲，主要是指比特字节或软件代码，广义来看，也包括服务器、云计算中心、通信网络、带宽、交换机、路由器等网络存储和交换传输资源。学者梅夏英认为，数据与信息是“工具和本体的关系”，数据指的是物理技术上的比特流，是传递信息的工具，并依赖于代码。[①]内容是指个人信息、知识产权、算法、数据产品、数据服务等实质性成果。为此，数据权属同样具有二元结构，即分解为对载体和内容的权利，载体权属包括收集、转化、存储、修改、删除、传输、共享、开放等；内容权属包括知识产权，以及个人的知情权、删除权以及对内容的财产性权益。

2. 技术视角：信息—价值

基于隐私计算和区块链技术，我们可以对数据的内容进行加密处理，形成匿名化、去标识化，而将大数据背后的计算价值进行释放和流动，这一点正是北京市探索新型数据交易范式的基础理念，即“数据可用不可见、用途可控可计量”，据此，北京国家大数据交易所开发了IDeX数据交易系统，搭建起“原始数据不出域、交易数据使用权”的数据流动公共服务平台。

---

① 参见梅夏英：《虚拟财产的范畴界定和民法保护模式》，载《华东政法大学学报》2017年第5期，第46页。

二、基于新数据观，探寻数据权利体系

商鞅在《商君书》中说："一兔走，百人逐之，非以兔可分以为百也，由名分之未定也，夫卖兔者满市，而盗不敢取，由名分已定也。"只有确定的权属，才能有稳定和公平的交易。为构建有序的数据要素市场，培育风清气正的数字经济环境，应当从法理上明确数据权属，才能避免对数据权益的无序追逐。

（一）国内外数据立法评析

近年来，欧盟、美国、日本等发达国家或地区出台了一系列数字经济制度规则，如欧盟《通用数据保护条例》《非个人数据自由流动条例》《数据治理条例》《数据法案》，英国《数字经济法（2017）》，以及《数字经济伙伴关系协定》（DEPA）等，其中"促进发展、兼顾安全、激励创新、审慎监管"的价值立场和相关国际规则值得关注，由于国体、文化和产业基础不同，欧盟国家在数据流动和个人数据保护方面偏于保守，而美国趋于开放和霸权色彩，鼓励其企业全球化布局。

我国在数据法方面，没有全面系统的单独立法，《民法典》《电子签名法》《网络安全法》《电子商务法》《反垄断法》《数据安全法》《个人信息保护法》等法律，仅有一些原则性或者局部规定。在国内的司法实践中，对于数据领域的法律纠纷，如仿冒混淆、虚假宣传、网络不正当竞争行为等，基本适用《反不正当竞争法》及相关司法解释。总的来看，这些数据相关立法有两大特点，一是大部分从规范的角度提出底线和红线要求，如对数据处理者在数据分类分级、数据出境审查、市场竞争等方面，均设定了游戏规则和相应义务，而界定权属等促进发展的内容相对较少，为地方立法和行业立法提供空间。二是关于数据内容的立法相对较多，比如个人信息保护法以及专利、商标、著作权等领域立法，关于数据载体的立法，特别是数据收集、登记、治理、共享、开发、利用、交易、评估、资产化、争议解决等数据行为中的权利义务关系，还没有清晰全面的调整规范。笔者认为，我国数据立法滞后原因主要是三点，一是立法本身具有滞后性，且是一种需要限制的权力。二是东西部地区存在发展的不均衡现象，国家层面立法时机尚未成熟。三是数字技术发展日新月异，学术界和立法者对数据活动中存在的问题、生成的原因、解决之策、利弊权衡以及发展趋势等，尚未形成共识。

2021年以来，以《浙江省数字经济促进条例》《广东省数字经济促进条例》《河南省数字经济促进条例》《河北省数字经济促进条例》《广州市数字经济促进条例》《深圳经济特区数据条例》《上海市数据条例》《重庆市数据条例》《浙江省公共数据条例》为代表的数字经济地方性法规密集出台，对"数据"的采集、汇聚、共享、开放、交易等行为设定了权利义务关系，明确了数据的人格权、财产性权益。总的来看，地方数字经济和数据立法近年来明显加快，并将制度创新作为带动区域数字经济发展乃至构筑区域竞争优势的重要引擎，但是由于这些法规层次仅限于地方事权，容易出现同类数据的权属不一的立法认识分歧，且对于跨区域的数字经济活动，可能引起属地主义和属人主义的适用范围乃至司法管辖权争议。

（二）数据权属研究

笔者认为，根据数据本身的特性，**数据权应当是一项单独的权利体系，多维视角下，数据权涵盖主权、公权和私权三大范畴，**[①] 数据具有多重权属特征。

1. 主权

国家主权是一个国家在国内的最高权力和在国际上的独立自主权利。数据作为网络空间的重要元素，已成为国家基础性战略资源，与自然资源、信息资源、智力资源同等重要，数据主权的概念应运而生。虽说网络无国界，但是公平正义、诚实信用等法律制度和共同价值还是绝大多数人所倡导和遵循的，绝对自由和无政府主义不是主流价值观，从网络传输节点、数据存储地点、信息服务主体、网民行为习惯和网络文化价值的实际来看，都带有鲜明的地域特点和主权国家色彩。另外，数据关乎国家安全，数据安全上升为国家战略，如果特定人类族群的大规模基因数据被泄露公开，有可能会加快"量身定制"生物武器的研制进程。我们也看到，俄乌战火交锋的背后，是"黑客"组织彼此开展网络攻防的第二战场。参考国际法的理论，数据主权**表现为数字空间独立权、数据跨境平等权、数据司法管辖权和网络侵略自卫权等四项权力**。

2018年3月，美国特朗普政府颁布《澄清境外数据的合法使用法》（以下简称云法案），其中规定，在美国政府提出要求时，任何在云上存储数据的

---

① 安顺市大数据发展管理局、贵州省邮电规划设计院有限公司：《城市数据运营：开启数据要素价值释放的钥匙》，社会科学文献出版社2021年版，第101页。

美国公司都要将数据转交给美国政府。而位于美国境外的公司，只要被美国法院认为“与美国有足够联系且受美国管辖”，也适用于上述规定。此外，公司位于美国境内但是数据中心在境外的企业，也必须遵守此要求。与此相对，2018 年 5 月，欧盟出台《通用数据保护条例》（简称 GDPR），提出建立数据跨境白名单国家认证制度。2018 年 3 月，欧盟委员会发布立法提案，拟调整对大型互联网企业的征税规则，依据这项提案，任何一个欧盟成员国均可对境内发生的互联网业务所产生的利润征税，而依据现行规则，互联网企业只需在总部所在地一次性交税；2019 年 7 月 11 日，法国参议院通过了数字税法案；2020 年 3 月 11 日，英国政府宣布，将从 4 月 1 日开始对亚马逊、脸书和谷歌在内的众多美国科技巨头征收 2% 的“数字服务税”。为了维护国家主权、安全和发展利益，2021 年 6 月，我国正式颁布《数据安全法》，其中第 26 条规定：“任何国家或者地区在与数据和数据开发利用技术等有关的投资、贸易等方面对中华人民共和国采取歧视性的禁止、限制或者其他类似措施的，中华人民共和国可以根据实际情况对该国家或者地区对等采取措施。”

应当说，国家对本国数据行使主权展示了国家的独立性和自主性，对数据控制权和管辖权的高度重视，对于有效解决大规模数据安全问题，以及打击数据恐怖主义、跨境数据犯罪等具有重要意义。为此，对于数据跨境、司法管辖、税收征缴等方面的制度设计，属于典型的国家事权，地方立法无权涉及。

2. 公权

公权可以界定为以政府部门、法律法规授权的组织为实施主体，以公共利益最大化为价值取向，依靠行政强制力维护公共事务参与秩序的一种集体性权利。公权主要涉及行政法律关系，由一系列行政法律或法规调整规范。数据公权是由传统公权主体依法履职所衍生，以公共数据为行使权力的对象，以公共数据的汇聚、管理、使用、评价为主线，以服务于社会治理为最终目标。

研究数据公权，首先要合理界定公共数据的范围。一般而言，公共数据类似空气和水，具有公共属性。对于公共数据的界定，目前学术界主要有三种分类，一是政务数据，主要是由财政经费保障，依法履职收集的数据（如法人数据库、自然人数据库、空间地理资源数据库），以及在信息化建设过程中产生电子政务数据（如电子证照库），乃至依法购买的一些社会数据，这些数据相当于个人和市场主体的数据权利让渡。二是政务数据 + 公共企事业单位数据，在前者基础上，增加供水电气热、交通、医疗、通信等公共服务企事业单位掌握的数据。三是凡不涉及国家秘密、商业机密和个人隐私的，具有公共利益价值的数据，在前两者的基础上，也包括互联网平台企业等数据处理者的数据。笔者认为，三种分类方法各有利弊，鉴于公共数据的公益性，将公共数据范围划得小一点，有利于促进社会数据市场化交易；范围划得大一点，有助于推动公共数据主动开放和依申请开放，促进数据红利的最大化释放。笔者注意到，《浙江省公共数据条例》将公共数据的范围界定为第二类。考虑到公共服务企事业单位和其他市场主体的复杂性，以及国有资产和企业资产的自主决定权问题，从准确把握数据公权内涵的角度，《北京市数字经济促进条例》第16条第2款规定，“本条例所称公共数据，是指公共机构在履行职责和提供公共服务过程中处理的各类数据”，采取了公共数据的第一类认定标准。

笔者认为，数据公权的内容包括六个方面，一是政府部门为了公共利益的需要，对社会公众行使的**数据收集权**，比如新冠病毒疫情防控期间，国家和地方政府基于大数据技术开发健康码信息系统，依据《突发事件应对法》等相关法律法规，采集公民的个人基本身份信息、手机号码和位置信息等，在流行病调查、密接排查、出行防控等工作中发挥了积极作用。一般而言，政府部门在收集数据之前，应当明确告知收集数据的目的和用途，保障相对人的知情权。二是为了降低采集数据的成本，避免重复采集数据，由数据采集权所派生，实现不同层级国家机关和不同行业部门之间基于履职需要的**数据共享权**和义务。三是在成功收集数据的基础上，政府部门自然而然形成的存储、复制、传输等**数据管控权**。四是由于初次收集的原始数据在字段完整性、内容真实性、更新频次、存储格式方面往往存在一定的质量瑕疵，或者需要与其他来源的数据进行字段补充和比对校核，以提高数据项的使用价值，收集数据的政府部门往往需要对这些数据进行加工处理，为此相应享有**数据处理权**。五是为了正常履职或者提升精细化管理效能，政府部门必然需要使用数据，这就产生了**数据使用权**。这里的使用也包括征用，比如2022年2月欧盟发布《数据法案》草案第五章提到，公共部门机构和工会机构在特定紧急情况下可以使用企业特有数据。六是在不侵害国家秘密、商业秘密和个人隐私的情况下，政府部门对于利用财政资金处理形成的数据资产，致力于社会公共利益最大化，具有数据开放权和义务。2007年4月，我国颁布实施《政府信息公开条例》，建立政府信息主动公开和依申请公开制度。数据开放源于信息公开，但内涵和范畴有所不同，数据开放，既是权利也是义务，对于引导带动社会数据开放具有积极意义。目前国家和地方均建立政务数据开放网站，将大量的公共数据进行无条件开放和有条件开放。应当说，数据的公权力在行使过程中必须坚持依法行政、接受监督、法无授权不可为、法有授权必须为的原则，才能抑制公权力被滥用。

3. 私权

私权主要由民法制度来确认、保护和规范。我国《民法典》明确了人身权和财产权两大权利体系。按照民法理论，人身权与民事主体的人身不可分离，没有直接的财产内容，具体包括人格权和身份权，人格权包括生命权、身体权、健康权、姓名权、名称权、名誉权、肖像权、知情权、隐私权和信用权等；身份权包括亲权、配偶权、亲属权以及知识产权中的身份权。财产权包括物权、债权和知识产权中的财产权利。

数据是新型生产资料，无论载体还是内容，均具有财产权利属性，其承载的内容，如果涉及自然人、法人和其他组织的权益，也具有相应的人身权特征。在我国《民法典》制定过程中，很多专家呼吁对数据权属和权益类型界定，然而，考虑到数据本身的可复制性、多主体性与民法中物权具有的特定性、排他性不相协调，国家立法层面最终没有对数据权属作出明确规定，只是在第 111 条规定，“自然人的个人信息受法律保护。任何组织或者个人需要获取他人个人信息的，应当依法取得并确保信息安全，不得非法收集、使用、加工、传输他人个人信息，不得非法买卖、提供或者公开他人个人信息”，在第 127 条规定：“法律对数据、网络虚拟财产的保护有规定的，依照其规定。”2021 年 7 月，深圳市颁布国内首部数据领域的地方性法规——《深圳经济特区数据条例》，其第 3 条第 1 款规定：“自然人对个人数据享有法律、行政法规及本条例规定的人格权益。”第 4 条中规定：“自然人、法人和非法人组织对其合法处理数据形成的数据产品和服务享有法律、行政法规及本条例规定的财产权益。”这部法规第一次提出了数据的人格权益和财产权益，但只是对个人数据中的人格权和数据处理者的数据财产权进行了规定，回避了个人数据的身份权和财产权，以及法人数据的人身权等存在较大争议的问题。

随着各行各业数字化转型步伐的加快，大量的数据得以产生和沉淀，形成了丰富的“矿藏”资源，一方面，任何合法的数据收集、清洗、加工等数据处理行为，都是劳动者的增值活动，劳动者应当享有财产权益。另一方面，个人数据具有商业价值，商家利用人工智能技术可以精准推送广告、销售金融产品乃至商账催收，非法获取和使用个人数据已经形成“黑色”产业链，保护个人数据权益成为数字经济发展中的重中之重。在网络游戏乃至元宇宙的世界里，“数据人”“虚拟人”“虚拟财产”“NFT同质化代币”“DIFI去中心化金融”等概念，进一步将数据私权推向新的高度。为此，数据私权应当是财产权和人身权的综合体。为此，构建一个开放且具有弹性的私权体系，已成为大数据时代的迫切要求。

（1）财产权

笔者认为，要想从法律层面研究数据财产的权利，先要从经济角度分析数据财产的价值问题，进而明确数据财产权利有哪些，归属于谁。

首先，关于数据财产价值。按照马克思主义政治经济学理论，谈到数据财产价值，必须要落在商品这一形态，如脱离市场活动和劳动创造，泛泛谈论数据价值没有意义。就数据商品而言，可能是一个收集原始记录的数据库表、经过人工标注的数据集或者是经过大规模训练之后的算法模型。数据商品拥有具体劳动（指生产目的、劳动对象、所用工具、操作方法、生产结果都各不相同的劳动）和抽象劳动（指无差别的一般人类劳动）这二重属性，数据商品的价值也包括使用价值和交换价值两个方面。数据商品使用价值，指的是数据商品能够满足人们某种需要的属性，由其自身的规模、质量、稀缺性、更新频次、应用场景等属性决定。数据商品交换价值，与生产该商品的社会必要劳动时间成正比，与生产它的社会劳动生产力成反比，也就是说等量劳动交换等量价值，数据商品的价值在现实中主要通过市场交换的价格来体现，正如马克思在《资本论》中指出，“从商品到货币是一次惊险的跳跃”。应当说，正是人类的劳动，将数据“矿产”资源从离散、沉睡的状态唤醒，进而成为生产要素乃至商品，才真正具有了数字经济的生产资料意义。

孟子曰：“民之为道也，有恒产者有恒心，无恒产者无恒心。”当前，建立数据财产制度的社会呼声越来越高。在北京市数字经济立法调研中，奇安信公司认为，如果完善企业会计制度，将数据财产纳入资产负债表，列成日常投资项目，进行经营成本摊销，将极大调动社会层面的数字经济投资热情。为了加快数据资产化进程，《北京市数字经济促进条例》第21条提出，“支持市场主体探索数据资产定价机制，推动形成数据资产目录，激发企业在数字经济领域投资动力；推进建立数据资产登记和评估机制，支持开展数据入股、数据信贷、数据信托和数据资产证券化等数字经济业态创新，培育数据交易撮合、评估评价、托管运营、合规审计、争议仲裁、法律服务等数据服务市场”。

其次，关于数据财产权利。数据财产权利主要是指数据处理者对原始数据资源进行劳动创造所形成的财产性权益。笔者认为，**数据财产权不是物权，**由于可以低成本复制，不具备一物一权、对世权的属性，照搬物权中的所有权提法是有问题的；**数据财产权也不等同于知识产权，**由于数据的二元化结构特征，除少量与《著作权法》《专利法》《商标法》《反不正当竞争法》保护客体存在交叉以外，其内容部分只有能够上升为知识创造的，才能纳入知识产权保护体系，大量其他类型的结构化数据以及非结构化数据仍然无法纳入保护范围，且载体部分的保护明显缺失。笔者建议，**数据财产权应当与物权、债权、知识产权相独立，被单独列为一种财产权利。**

作为数据财产权的对象，数据商品包括数据内容、数据载体、劳动增值等三要件。数据权利主体包括数据载体拥有者（一般为数据处理者）、数据内容拥有者两个主体，就数据内容而言，如果是个人信息、私有财产之外的一些公共性质的东西，如地球气象、自然资源、公共环境、科学技术、文化知识、城市基础设施等，可以视为全民所有或者归为无主不受法律保护。**数据财产权既可以是独有权利，也可能是共有权利，主要取决于数据内容的主体与载体的主体是否为一体，数据内容的权利属性如何，私有还是公有，以及内容权利人是否让渡或者放弃权利。**笔者关注到，对于数据财产的共有权主张，国内外已有相应的理论探索，中国人民大学杨东教授提出探索设立数字经济的众筹共票制度，其指出：“蚂蚁金服为什么能够在短短三年时间估值千亿美元，赶超百度？原因在于阿里巴巴为它提供了数据。但是这些数据实际上来自每一个消费者、用户以及普通的参与者。而众所周知，这些数据是用户无偿提供给互联网企业使用的。”[①]总的来看，数据处理者控制数据载体，进而控制数据内容。这一点类似画家进行人体素描，画作属于画家，但不能侵

① 杨东：《众筹共票机制是重构数权经济时代的权益分配机制》，载微信公众号“众筹金融研究院”，2018年8月4日。

害模特肖像权，如果公开发表应当得到模特的许可，并支付一定的报酬。欧盟公布的《数据法》草案，肯定了数据共同生成者拥有访问权、使用权，让用户和服务产品的供应商在获取数据方面处于平等地位。

回到日常生活，每天都有大量的网民在抖音平台发布自己创作的短视频，在微信自媒体公众号发表创作的文章，在全民K歌App上传公开自己演唱的歌曲，在《原神》网络游戏中提升角色的冒险等级和装备水平，不一而足。这些数据内容的所有权归作者，作者可以决定是否发表、修改和删除，但是这些数据载体都经过互联网平台企业的技术处理并存储在其公有云，数据处理者有足够的算法能力对这些数据内容进行价值挖掘，而作者很难脱离网络平台将数据内容下载到自己的电脑或移动终端，更难以迁移到其他类似平台，当然，互联网平台也可以主张，如果没有我们提供的平台服务，数据内容的创作和权属也无从谈起。电子病历、医疗影像是高价值的医疗健康数据，医院的工作人员对病患的健康信息和诊疗信息进行记录并数字化存储，就每一份电子病历、医疗影像而言，其财产权归病患和医院共同所有，病患拥有个人基本信息，花钱看病视同购买了医院医生的诊断结果，主要涉及病患的人身权，其个人诊疗过程和结果，在大数据条件下，对新药研发、诊疗方法改进和医保费率调整具有商业开发价值，也具有财产权属性；医院拥有数据载体和医生的诊断结果，并实际控制电子病历。如果医院对电子病历数据进行商业化开发，应当取得病患的授权或者支付一定的报酬，当然如果医院进行了匿名化处理，利用大数据技术进行人群活动和病理演化统计分析的话，则淡化了数据具体内容，强化了数据载体和大数据的计算价值。应当说，这一做法是符合我国《个人信息保护法》规定的，该法在适用范围部分，已明确把匿名化处理后的信息排除在个人信息之外。再举一例，道路基础设施和电子地图是重要的智能网联汽车的训练数据，国内外自动驾驶汽车企业都需要上路测试并收集数据，有的通过毫米波雷达方式，还有的通过摄像头方式。由于城市道路属于城市公共交通基础设施，上路测试需要经过交通管理部门审批，一般而言，自动驾驶汽车企业收集的数据都归自己所有，后来者要想获得此类数据，要么自己申请上路审批重新收集，要么出资购买。2022年2月24日，清华大学智能产业研究院联合北京市高级别自动驾驶示范区、北京车网科技发展有限公司、百度Apollo、北京智源人工智能研究院共同发布了全球首个基于真实场景的车路协同自动驾驶数据集，向境内用户提供开源下载使用，能够有效服务科研、产业、政府机构，有效协同各方进行车路协同研究、产业落地和市政规划建设，促进我国车路协同发展。[①]

数据财产权人应当对数据财产拥有所有权，具体体现为占有、处理、收益和支配权，按照《数据安全法》《个人信息保护法》的相关规定，**数据处理活动主要包括：收集、存储、使用、加工、传输、提供、公开、删除等8种情形**。关于是否承认数据财产所有权，学术界存在分歧，不主张所有权的人，主要理由就是数据可以低成本复制且公开后无法有效管控，应当归入公共产品范畴。笔者认为，从促进数字经济发展，激发数据价值挖掘的角度，应当支持数据财产所有权人，特别是支持数据处理者（也包括自然人）主张财产性权利，只有这样的制度设计，才能促进数据要素的有效供给。当然，我们也鼓励数据处理者通过合理支付报酬、让渡数据可携带权和使用权等民事合约方式，取得数据内容所有者的许可，促进数据红利的合理分配。在《北京市数字经济促进条例》第20条第1款，我们尝试进行这样的制度设计，"除法律、行政法规另有规定或者当事人另有约定外，单位和个人对其合法正当收集的数据，可以依法存储、持有、使用、加工、传输、提供、公开、删除等，所形成的数据产品和数据服务的相关权益受法律保护"。另外，我们也在立法中强调，数据处理者要坚持技术向善理念和合理注意义务，即数据使用行为的正当四性：来源正当、行为正当、使用场景正当、传输存储正当，在此不再赘述。

最后，关于数据财产所有权的实现。设立和实施数据财产所有权制度，必须要解决唯一性问题，这就需要配套建立数据财产确权制度，辅以登记、公示、变更、撤销，以及调解仲裁等利害关系人争议解决机制，保障数据财产和权属的有序流转。在不能进行数据有效确权保护的情况下，数据的每一次开放和复制，就是一次数据控制权转移和权益减损，导致数据所有权无从实现，好比《西游记》里面的孙悟空，一把毫毛变出无数个化身，真假难辨。笔者注意到，**随着区块链和电子签名技术不断成熟，通过安全认证的技术手段进行数据财产登记是一种有效的确权方式**，虽然任重道远，但是充满希望。

北京国际大数据交易所（以下简称北数所）基于隐私计算和区块链技术，搭建数据登记服务系统，2021年11月在全国率先推出数据资产凭证，开辟

---

① 《亦庄贡献！全球首个车路协同自动驾驶数据集正式发布》，载微信公众号"北京亦庄"，2022年2月24日。

了交易平台体系内数据确权的先河。2021年6月，蚂蚁鲸探发行了敦煌系列NFT，九色鹿王和敦煌飞天各发行了8000份，共16000份数字藏品，NFT+敦煌元素+蚂蚁链+支付宝+付款码赋能，每个仅需要10个支付宝积分和9.9元，这两款皮肤瞬间被抢光。国信优易数据股份有限公司于2019年开始探索实施数据水印技术，对通过其交易平台流转数据打上确权标识。

基于北京市政务数据目录区块链的实践（后文详述），参考商品房购置和流转登记制度，笔者建议**建立全社会层面的数据财产登记流转溯源链**。每个上链主体都可以看到自己产生了哪些数据财产，各类数据财产的传输路径和接收主体，他人将这些数据财产用作哪些用途，完整的链条清晰可见，由此数据的删除权、携带权也可以实现。一般而言，数据财产生产者、拥有者是所有权人，数据接收者和数据处理者是数据财产使用权人；如果数据所有权人保证其将数据财产独家转让后自己不再保留备份，数据接收者即是所有权人；数据处理者也可以成为新的数据所有权人，前提是获取渠道合法合规，但仅对其劳动增值部分拥有权属。

（2）人身权

随着《个人信息保护法》的颁布实施，与个人特性密切相关的生物识别数据、与社会其他主体交互产生的行为数据，以及属于个人知识产权的成果，都可能成为数据人身权的保护对象。如前所述，数据二元化结构表明，数据内容的权利主体主要享有人身权利，而数据载体的权利主体即数据处理者主要承担义务。笔者结合对《个人信息保护法》相关内容的理解，尝试从人格权和身份权两个方面进行分析。

在人格权方面，个人对其个人信息的处理享有**知情权、决定权、可携带权，有权限制或者拒绝他人对其个人信息进行处理**；与个人主体特性密切相关的数据内容权利，必须要通过对载体的控制得到实现，行使个人信息**查阅、复制、转移、核实与更正、补充、撤回同意、删除**的权利。而数据处理者应当履行相应的义务，如：保证个人信息的质量、安全；以显著方式、清晰易懂的语言真实、准确、完整地向个人告知信息处理规则，并解释说明；应个人信息处理者的要求进行删除个人信息；不得非法收集、使用、加工、传输他人个人信息，不得非法买卖、提供或者公开他人个人信息；不得从事危害国家安全、公共利益的个人信息处理活动。《个人信息保护法》侧重阐述个人的权利和信息处理者的义务，从权利与义务一致性来看，还应当指出个人的义务和信息处理者的权利。

在身份权方面，2021年10月28日，脸书公司宣布，将公司名称改为"Meta"，其CEO马克·扎克伯格表示，元宇宙是下一个前沿领域，"下一个平台和媒介将是更加身临其境和具体化的互联网，你将置身于体验之中，而不仅仅是作为旁观者，我们称之为元宇宙"。这个脱胎于网络游戏的超越宇宙，或者说平行宇宙，不仅是一个新概念，而是去中心化的世界。数字创造、数字资产、数字市场、数字货币，支撑了整个元宇宙的经济体系，[①]还有数字社区，将来会有越来越多的人沉浸在这个数字空间，这个空间里，每个人都会有一个虚拟身份，现实社会中人的身份行为，如宪法赋予公民的基本人权，选举与被选举、言论游行集会结社自由等，都可能会迁移、孪生乃至原生到这个数字世界。围绕数据身份权的制度设计，目前看还有点儿遥远，国内外的立法还是空白，相信技术的突破会不断将幻想变为现实，乃至颠覆我们今天的认知和想象力，一切不是没有可能。

三、把握权属特征，推动数据要素市场化配置改革

2018年以来，北京市启动实施大数据行动计划，加快建设新型智慧城市，努力打造全球数字经济标杆城市，数据全流程管理和开放利用是其中的重要内容，笔者有幸亲历工作一线，参与并推动了公共数据治理、开放应用、授权运营、评估评价、北数所组建等重点工作，现将一些经验做法进行总结。

（一）基于区块链技术进行登记——实现数据财产唯一性确权

信任是第二代互联网的特征，区块链是价值互联网的基石。[②]基于P2P网络、数据加密、时间戳、智能合约等技术架构，区块链具有数据真实可靠难以篡改和去中心化两大特点，可以帮助建立数据资产信任体系，解决数据财产的唯一性认定难——这一长期制约数据财产所有权制度实施的技术问题。

案例1：政务数据目录区块链。为了建立全市政务数据的基本台账，推动数据汇聚、共享、开放和应用，2019年10月，北京市经济和信息化局（以下简称市经信局）在全国率先启动建设目录区块链项目，基于以太坊Fabric超级账本搭建联盟链，建立"职责—数据—库表"三级数据目录体系，以部门

---

① 赵国栋、易欢欢、徐远重：《元宇宙》，中国出版集团中译出版社2021年版，第99页。

② 赵刚：《区块链：价值互联网的基石》，电子工业出版社2016年版，第1页。

三定职责为根基逐一梳理建立“职责目录”，对应形成全市“市—区—街”数据目录、信息系统台账，并在目录区块链上进行注册。2022 年以来，市大数据中心依托“长安链”底层架构和区块链试验算力平台，对目录区块链进行全面升级和数据迁移。目前，市级层面，80 个市级政府部门、1552 个信息系统、9641 条职责目录、107799 条数据目录完成上链；区级层面，726 个区级部门、1149 个信息系统、59537 条职责目录、197283 条数据目录实现上链；市大数据平台累计汇聚 371 亿条政务数据，支撑领导驾驶舱、疫情防控、社会信用、一网通办等 155 项重点业务应用。通过目录区块链，北京市在国家机关体系内确定了各类政务数据源的归属和责任主体，明确了数据内容、更新机制、共享开放属性，并与产生数据的信息系统进行挂接，将“依职责产生数据、数据目录上链不可更改、高频数据依据智能合约自动共享”的理念落到实处，实现了业务数据分布式存储、高频共享数据集中式汇聚，目录区块链在北京市大数据行动计划中发挥了“定海神针”作用。

案例 2：社会数据交易登记系统。我国《数据安全法》第 33 条规定，“从事数据交易中介服务的机构提供服务，应当要求数据提供方说明数据来源，审核交易双方的身份，并留存审核、交易记录”，由此可见，数据交易服务商是提供数据财产确权服务的重要主体。2021 年 9 月 30 日，北数所基于自主知识产权开发的数据交易平台 IDeX 系统上线。该系统是国内首家利用综合数据技术、探索数据交易创新模式的新平台，依托在隐私计算、区块链及智能合约、数据确权标识、测试沙盒等领域的技术优势，构建新型数据交易系统。该系统面向会员单位，本着在先申请、形式审核、社会公示的原则，为拟上架交易的数据产品提供发布主体和内容登记服务，在数据交易、资金结算、资产交割等环节具备时间戳功能，实现行为确权抗抵赖且可追溯。目前，IDeX 系统上架涵盖数据集、数据报告、数据服务等多种形式的数据产品超过 500 项，数据交易调用量达到 1300TB。应当说，在国家尚未建立数据权属制度的情况下，北数所通过上链上系统的登记机制，在全国率先探索了数据财产确权的市场化方式，给出了“北京方案”。

（二）无条件开放公共数据——公共机构让渡数据财产所有权或使用权

为了全面深入推进政府信息公开，通过公共数据开放赋能经济社会发展，2019 年 10 月，北京市大数据工作推进小组办公室印发实施《关于通过公共数据开放促进人工智能产业发展的工作方案》，2021 年 1 月，北京市大数据工作推进小组办公室印发实施《北京市公共数据管理办法》。根据上述政策要求，北京市公共数据开放分为无条件开放和有条件开放两种，其中无条件开放是一种普惠型的数据供给方式，市经信局通过发放问卷、座谈交流、窗口服务等方式收集社会公众和企业对政府开放数据的需求，并将需求反馈至各相关单位，组织编写年度公共数据开放计划，通过市公共数据开放平台（前身是2016年底上线的市政务数据资源网，2022年初更名，由市大数据中心负责日常运维）向社会公众无条件开放公共数据。目前，北京市政务部门和区政府共114家单位面向社会无条件开放了13230个公共数据集，563279个数据项，10854个数据接口，59.86亿条公共数据，包括政务服务、交通出行、气象卫生、财税金融、城市管理、车路协同自动驾驶、人工智能训练等热点领域的约1.48亿条高价值公共数据，对于上述数据，社会公众可以下载获取或调用接口服务。

笔者认为，**公共数据是新型国有资产**。公共数据无条件开放，就是公共机构让渡数据财产的所有权或使用权，其意义不仅仅在于打造透明型政府和服务型政府，更重要的是让数据取之于民，用之于民。可以说，数据开放程度是区域营商环境的重要内容，数据开放就是为数字经济注入源头活水，让社会公众和市场主体无偿、便捷地获取并增值开发这些数据，实现"放水养鱼"和数据招商。**数据开放不应当局限在公共机构和公共数据，如果能够将社会主体和社会数据组织起来，汇成数据开放的洪流，聚成数据开放的风暴，那才是更具改革意义的数据红利供给**。当前，北京市抓住"两区"建设的政策机遇，正在探索建设数据特区，打造新的数字经济区域增长极，正如《北京市数字经济促进条例》第19条第2款规定，"市人民政府及其有关部门可以探索设立公共数据特定区域，建立适应数字经济特征的新型监管方式"。当然，我们也要看到某些公共数据财产可能会存在共有权的问题，大规模开放会造成多方数据融合后的数据敏感度提升，为此，推进数据开放必须要坚持安全合规和风险评估，采取必要的技术处理措施，避免给公共利益和第三人权益造成"误伤"。

（三）授权运营金融公共数据专区——推动数据财产所有权和经营权分离

2020年6月，北京市大数据工作推进小组办公室发布《关于推进北京市金融公共数据专区建设的意见》（以下简称《意见》），明确提出依托市大数据平台建设金融公共数据专区（以下简称金融专区），通过授权运营的方式面向社会提供社会公共服务。经市政府批准，市经信局与北京金控集团于同年8月签署授权运营协议，其中约定，市经信局牵头负责政务数据的汇聚和整理，北京金控集团负责投资、建设、运营金融专区，在政府部门监管下推动政务数据产品服务研发和应用场景拓展。金融专区是全国首个公共数据授权运营的试点项目，通过数据汇聚、接口汇通（调用敏感数据需要得到权益人授权）两种方式，累计归集企业注册登记、税务、社保、医保、公积金、不动产、政府采购等1799项政务数据，累计超20亿条，覆盖全市250余万户市场主体，并依照业务类型实现按日、按周、按月稳步更新。按照网络安全等级保护三级的要求，北京金控集团旗下金融大数据公司将金融专区建成涵盖基础设施层、数据层、平台能力层、业务支撑层和应用层的金融科技基础设施，结合联邦学习等隐私计算算法，实现了在“原始数据不出域”的前提下，支撑金融创新应用开展。截至2022年4月30日，金融专区支撑北京贷款服务中心登记业务申请共48350笔，意向贷款金额约2031.92亿元；审批通过42107笔，涉及金额约1768.23亿元，其中信用类贷款金额456.13亿元。支持在京商业银行实现普惠金融产品落地，如与工商银行北京分行联合开发的“惠e贷”、与中国银行北京分行联合开发的“中银企税通宝”等信用贷产品，年化利率为3.85%，两款产品累计为近1000户在京小微企业推送授信额超20亿元。

从数据权属角度来看，金融专区的创新点主要体现在公共数据授权运营，或者说是公共数据财产所有权与经营权的分离。**首先，金融专区所有权属于市政府**。按照《意见》要求，金融专区是市大数据平台的组成部分，而市大数据平台是市政府授权市经信局组织建设，大量的政务数据无条件汇聚到市大数据平台，成为市级国家机关和市区两级国家机关的数据共享载体，为此，金融专区与市大数据平台均具有国有资产属性。**其次，金融专区经营权下放市场主体**。为了发挥市场在数据资源配置中的决定性作用，更好地实现政务数据对实体经济的赋能，市经信局代表市政府通过签订授权运营协议的方式，将金融专区数据财产的“用益权”委托北京金控集团——这一金融领域市属国企行使，专区运营单位有权占有、加工、使用金融专区数据，并取得合理收益；金融机构等市场主体可以使用金融专区的数据产品和服务，通过与自身业务数据融合应用训练算法模型，创造出新的数字金融产品。**最后，金融专区运营单位应当接受行业监管**。《意见》明确要求，运营单位不得对外转让金融专区的原始数据，并确保数据安全合规使用，在金融创新应用中符合国家和本市金融监管政策。两年来，在各方的指导和监督下，金融专区进入稳健运营的良性轨道，已经成为北京科技金融的重要基础设施，在首都营商环境和社会信用体系建设中发挥越来越大的支撑作用。

（四）创造新型数据交易范式——推动数据财产使用权交易

为打造全球数字经济标杆城市，解决数据要素流动的瓶颈问题，2021 年 3 月 31 日，在市经信局、市金融局、市委网信办、朝阳区政府的组织和支持下，北京金控集团会同京东集团、微芯研究院、华控清交公司共同发起成立了北数所。北数所基于数据二元化结构的新数据观，发挥首都科技创新和数据资源优势，在全国率先推动并引领**"可用不可见、可控可计量"**的新型数据交易范式。一年来，北数所以合规管理、促进交易为导向，发布《北京数据交易服务指南》，形成覆盖数据交易方式、交易安全、跨境流动等交易全链的规则体系；建设数据运营商体系和数据经纪商体系，并形成包括交通、气象、能源、公共数据专区、运营商、人工智能等六大社会数据专区；探索金融、医疗、商业、数据跨境等标杆应用场景，如与商业银行创新"业主贷"模式，双方将高价值数据密文计算后，将明文结果回传至银行，完成"业主贷"的发放，实现了用户信息保护，提升了银行风控和审批的效率；建设国内首个服务跨境场景的数据托管服务平台，在满足合规要求的前提下，试点开展跨境数据合规托管工作。

笔者认为，新型交易范式的实践意义体现在两方面，**首先，搁置争议共同开发数据财产价值。**在国家尚未明确数据权属制度的情况下，对于数据共有权的利益分配存在分歧的，特别是可能存在个人信息保护主张的，北数所能够基于隐私计算析离数据具体内容，搁置或者淡化数据内容权利主体的担忧，把数据背后的计算价值先释放出来。类似于存在历史性的权属争议房产，在司法判决最终下达前，让房子先用起来以满足社会的财富创造需求，对于房产租赁形成的资金，可以先提存再分配。应当说，这是一项绕开权属争论，促进数字经济发展的务实之举。**其次，把数据财产使用权作为数据交易的主要标的。**数据交易不同于物权交易，无论不动产还是动产，商品交付意味着物品所有权的转移，卖方不再占有商品，买方取得商品的绝对控制权，社会上流动的还是一件商品。对于数据财产或商品交易而言，一般情况下，卖方将数据商品复制 N 份卖出，自身还会保留原件，社会流动的数据商品变为 1+N，流动频次与社会数据总规模呈现正相关关系，总体上表现社会数据财富的倍增扩张。数据使用权交易，如同用户购买Office软件，表面上看用户得到一张光盘和软件安装驱动程序，其实用户购买的只是软件使用权，而不是微软公司的软件源代码或所有权。我们不排除存在卖方将数据财产的所有权进行交易的情形，但是卖方必须要保证买方取得数据财产的唯一控制权，即自身删除原始数据，这种情况在目前来看还没有成为社会主流，基于区块链技术开发的数字资产交易平台，最终要取得官方的合规性认可，目前来看还有一段较长的路要走，让我们拭目以待。

基于工程造价纠纷实践的专家证人概念辨析

吴佐民*

● **摘　要**

本文基于工程造价纠纷实践经验，对国内外诉讼和仲裁案件中专家证人和专家辅助人制度的产生与现状进行了分析。通过阐述工程造价鉴定意见质证的特殊性与复杂性，笔者认为无论“专家证人”还是“专家辅助人”，其实质都是“有专门知识的人”，在目前法律条文中并无明确定义，存在学理与实证之分。从现实适用意义看，除非从程序和功能上进一步进行划分，笔者认为没有必要过于聚焦于“专家证人”和“专家辅助人”之分，而应重在实践价值。在诉讼案件中，目前当事人委托就明确是“专家辅助人”的身份，并“视同当事人陈述”，实际已经淡化了专家的法律作用。就工程造价纠纷而言，在仲裁案件中，仲裁庭与当事人共同认可并最终选择的专家小组，不仅更有利于法庭和仲裁庭对事实的查明和分歧原因的分析，也有利于降低工程造价鉴定费用、提升质效，更有利于造价工程师的行业与职业水平的提升。

● **关键词**

专家证人　专家辅助人　鉴定人　工程造价鉴定

---

* 吴佐民，北京广惠创研科技中心主任、教授级高级工程师。本文编写过程中，承蒙谭敬慧、关丽、袁华之、邱闯、张大平、刘润东老师审阅并修改，在此表示感谢！

Abstract: Based on the practical experience of construction cost disputes, this paper analyzes the emergence and current situation of expert witness and expert auxiliary systems in domestic and foreign litigation and arbitration cases. By elaborating on the peculiarities and complexity of the cross-examination of construction cost appraisal opinions, the author believes that no matter "expert witness" or "expert auxiliary", the essence is "person with specialized expertise", there is no clear definition in the current legal provisions, the difference of doctrine and practice exists. From the perspective of practical application, unless further divided from the procedure and function, the author believes that there is no need to focus too much on the "expert witness" and "expert auxiliary", but it is necessary to focus on the practical value. In the litigation case, the person with specialized expertise entrusted by the parties is clearly "expert auxiliary", and "as if the party statement", which has actually diluted the legal role of experts. In terms of construction cost disputes, in arbitration cases, the panel of experts jointly recognized and ultimately selected by the arbitral tribunal and the parties, is not only more conducive to the court and the arbitral tribunal to finding the facts and analyzing the causes of disagreement, but also conducive to reducing the expense of construction cost appraisal, improving the quality and efficiency, and more conducive to the industry and the professional level of construction cost engineers.

Key Words: expert witness, expert auxiliary, appraiser, construction cost appraisal

目前，国内法律对于"专家证人"与"专家辅助人"的条文规定存在模糊之处，但因这两个概念引起了社会上法律界和工程界人士的高度关注，有必要结合我国的法律规定和国内外建设工程纠纷案件的处理，特别是工程造价纠纷实践的现状和前瞻，进行深入辨析。

1. 背景

1.1 工程造价鉴定制度的由来

1996年，人事部、建设部发布《造价工程师执业资格制度暂行规定》(人发〔1996〕77号)建立了造价工程师职业资格制度。同年，建设部发布《工程造价咨询单位资质管理办法(试行)》(建标〔1996〕133号)，工程造价咨询企业资质管理制度正式实施。后经《工程造价咨询企业管理办法》(建设部令第74号)和《造价工程师注册管理办法》(建设部令第75号)进一步明确“造价工程师只能在一个单位执业”“造价工程师执业范围包括工程经济纠纷的鉴定”。因此，造价工程师应当注册在工程造价咨询企业，从事工程经济纠纷鉴定业务。2021年6月，国务院发布了《国务院关于深化“证照分离”改革进一步激发市场主体发展活力的通知》(国发〔2021〕7号)，决定取消工程造价咨询企业资质认定，工程造价鉴定业务也面临新的调整。

1.2 工程造价鉴定中存在的问题

造价工程师和工程造价咨询企业资质制度建立以后，工程造价鉴定业务成为工程造价咨询企业的法定业务，特别是2001年，最高人民法院发布《人民法院司法鉴定工作暂行规定》(法发〔2001〕23号)后，工程造价咨询企业承接的工程造价鉴定业务显著增加。需要进行工程造价鉴定时，委托工程造价咨询企业成为诉讼或仲裁案件中的不二选择，但随着业务量的增多也出现了一些问题。

1.2.1 鉴定主体及鉴定质量存在问题

2013年以中国建设工程造价管理协会标准形式试行的《建设工程造价鉴定操作规程》(CECA/GC-8)，2017年经修订以国家标准形式发布为《建设工程造价鉴定规范》[①](GB/T51262)。该标准对规范建设工程造价鉴定业务起到了较大的作用，但仍然存在很多问题。

(1)工程造价鉴定主体的适格性问题，主要有鉴定人所在单位资质问题、既往业绩问题，鉴定人的执业资格和能力问题，以及存在应该回避的情形等。

(2)工程造价鉴定程序严谨性问题，主要有工程造价鉴定意见书编制过

---

① 《中华人民共和国国家标准(GB/T 51262-2017)：建设工程造价鉴定规范》，中国建筑工业出版社2018年版。

程中没有征求当事人意见或仅向一方当事人征求意见，以及在核对、征求意见过程中存在程序上的不严谨。

（3）工程造价鉴定报告的质量问题，主要有鉴定人依据预算定额等计价依据或工作习惯，而忽略合同约定；标准、工程计价规则、要素价格确定等鉴定依据不足或适用错误；存在以鉴代审情形，对未查清的事实或证据分歧，不及时与委托人沟通；没有按要求出具选择性意见，在合同明确、事实与证据清晰的情况下，仅因当事人意见分歧，将本该出具确定性意见的，出具选择性意见等。

1.2.2 当事人忽略意见反馈或质证质量不高

（1）鉴定过程中当事人不配合鉴定人，对应举证的证据提供不足或不举证、不核对，不按时出具征求意见稿的反馈意见。

（2）当事人及其代理人专业能力或经验不足，放弃自身的权利。在诉讼案件中没有按照法律规定及时聘请“有专门知识的人”（业界大多认同为专家辅助人）出庭质证，在仲裁案件中没有外聘专家辅助人发表代理人反馈意见或出庭质证。

1.2.3 法庭、仲裁庭和管理机构面临的研判采信压力

（1）《最高人民法院关于适用〈中华人民共和国民事诉讼法〉的解释》第122条第2款明确“具有专门知识的人在法庭上就专业问题提出的意见，视为当事人的陈述”，由此专家辅助人的地位显然难以对抗鉴定人，在当事人未能对鉴定意见进行有明确合同依据和十分有利的事实证据的质证的情况下，其质证意见很难被采信，而对鉴定意见的质证恰恰是大量、具体的计算依据的适用和计算问题，法官或仲裁员在面对专业性和技术性问题的裁断时，往往直接引用鉴定意见。

（2）部分当事人在鉴定过程中或败诉后对工程造价鉴定机构进行行政投诉。近年，当事人对工程造价鉴定机构的住房和城乡建设行政主管部门的投诉越来越多。住房和城乡建设行政主管部门对该等投诉通常会进行行政适格性审查，一般不干预鉴定工作或否定报告质量。最近，部分机构或行业组织也在尝试对投诉或法院委托的争议事项等开展“工程造价鉴定质量评审”，其合法性也受到一定的质疑。

2. 法律关于专家证人等的相关概念

2.1 鉴定人

2001年最高人民法院印发的《人民法院司法鉴定工作暂行规定》第2条明确“本规定所称司法鉴定，是指在诉讼过程中，为查明案件事实，人民法院依据职权，或者应当事人及其他诉讼参与人的申请，指派或委托具有专门知识人，对专门性问题进行检验、鉴别和评定的活动”。这是首次提到具有专门知识人，其指向是鉴定人。《司法鉴定程序通则》第2条明确“司法鉴定是指在诉讼活动中鉴定人运用科学技术或者专门知识对诉讼涉及的专门性问题进行鉴别和判断并提供鉴定意见的活动”。该规则进一步明确司法鉴定的主体是鉴定人，鉴定人要运用科学技术或者专门知识，作用是就诉讼涉及的专门性问题进行鉴别和判断并提供鉴定意见。上述“有专门知识人”显然指鉴定人，鉴定人在诉讼活动中出具鉴定意见、出庭作证的特征表明，其本质上是一种特殊的证人，即是专家证人。《民事诉讼法》第79条规定，“当事人可以就查明事实的专门性问题向人民法院申请鉴定。当事人申请鉴定的，由双方当事人协商确定具备资格的鉴定人；协商不成的，由人民法院指定。当事人未申请鉴定，人民法院对专门性问题认为需要鉴定的，应当委托具备资格的鉴定人进行鉴定”，没有再强调鉴定人是“有专门知识人”，而是强调了“具备资格”。

2.2 专家证人

2009年，最高人民法院“公布对网民31个问题的答复”的“（十七）关于知识产权审判中技术事实认定的问题”下，明确显示了“专家证人”一词。“专家证人。专家证人制度在我国施行时间不长，但最高人民法院十分强调要注重发挥专家证人的作用，积极鼓励和支持当事人聘请专家证人出庭说明专门性问题，并促使当事人及其聘请专家进行充分有效的对质，更好地帮助认定专业技术事实。专家证人既可以是外部人员，也可以是当事人内部人员，在涉外案件中还可以是外国专业技术人员。专家证人与事实证人不同，不受举证时限的限制，在二审程序中也可提供。专家证人的说明，有利于法官理解相关证据，了解把握其中的技术问题，有的本身不属于案件的证据，但可以作为法院认定案件事实的参考”。从上述观点看，最高人民法院将“当事人聘请”的称为专家证人，并进一步明确“专家证人既可以是外部人员，也可以是当事人内部人员，在涉外案件中还可以是外国专业技术人员”。

近年，国内部分仲裁机构在新修订的仲裁规则中，也逐渐引入专家证人制度，如《广州仲裁委员会仲裁规则》（2021年版）在第49条专业技术意见明确：“（一）对存在鉴定意见或者专业技术性较强的案件，当事人申请听取有关专业技术人士的专业技术意见的，应当在提交的书面申请中明确有关专业技术人士的身份信息、联系方式以及拟证明的专业技术问题等，并附有关专业技术人士的身份证明文件及其具有相关专业技术水平的证明文件。是否同意，由仲裁庭决定。（二）仲裁庭听取专业技术意见应当在庭审调查程序中进行，组织当事人对出庭的有关专业技术人士进行询问；当事人各自申请的专业技术人士可以就鉴定意见或者专业技术性问题进行对质。经当事人一致同意，也可以书面质证。”再如《深圳国际仲裁院仲裁规则》在第42条举证中明确：“就法律及其他专业问题，当事人可以聘请专家证人提出书面意见和/或出庭作证。”

专家证人的提法有其合理性，并与国际上的术语基本一致，但是“专家证人”一词并未在社会上获得广泛认同。如：各地高院很少用“专家证人”一词，有的甚至用了“专家辅助人”；《广州仲裁委员会仲裁规则》又使用了“专业技术人士”一词，其作用显然是针对类似鉴定意见等专业性较强问题的质证，但其在证据这章专门写了一条“专业技术意见”，既非举证或质证意见，也非八种证据之一；《深圳国际仲裁院仲裁规则》则在第42条的举证中使用了“专家证人”一词。显然，专家证人的定位、作用需要进一步研究与明确。

2.3 专家辅助人

《最高人民法院关于适用〈中华人民共和国民事诉讼法〉的解释》第122条规定：“当事人可以依照民事诉讼法第八十二条的规定，在举证期限届满前申请一至二名具有专门知识的人出庭，代表当事人对鉴定意见进行质证，或者对案件事实所涉及的专业问题提出意见。具有专门知识的人在法庭上就专业问题提出的意见，视为当事人的陈述。人民法院准许当事人申请的，相关费用由提出申请的当事人负担。”该解释对当事人申请的“专门知识的人”的意见定性为当事人陈述，而非专家证人的证人证言，这显然与专家证人制度的内涵与作用发生了偏离，在一定程度上引发了理论与实践中的争论和迷茫，也促成了其后“专家辅助人”概念的出现。

《民事诉讼法》第82条规定：“当事人可以申请人民法院通知有专门知识的人出庭，就鉴定人作出的鉴定意见或者专业问题提出意见。”显然，这里再次出现的“有专门知识的人”，并非鉴定人，他的作用是就鉴定人作出的鉴定意见或者专业问题提出意见。从本质上讲，鉴定意见属于一种特殊的证据，它是通过鉴定人出具的专家意见，存在一定程度的主观性，而通过当事人申请的有专门知识的人出庭，就鉴定人作出的鉴定意见或者专业问题提出意见是对当事人利益维护或救济的有效措施。综上，这里对鉴定人作出的鉴定意见或者专业问题提出意见的“专门知识的人”的作用与前述的“专门知识人”——鉴定人在委托主体和作用上是不一致的。为此，国内大多数人员和机构对当事人依据《民事诉讼法》第 82 条规定向法院申请的专家，允许出庭并对鉴定意见进行质证的人大多认同“专家辅助人”这一概念，但是，这一概念并非来自法律条文的直接规定。

《刑事诉讼法》第 197 条规定：“法庭审理过程中，当事人和辩护人、诉讼代理人有权申请通知新的证人到庭，调取新的物证，申请重新鉴定或者勘验。公诉人、当事人和辩护人、诉讼代理人可以申请法庭通知有专门知识的人出庭，就鉴定人作出的鉴定意见提出意见。法庭对于上述申请，应当作出是否同意的决定。第二款规定的有专门知识的人出庭，适用鉴定人的有关规定。”《最高人民法院关于适用〈中华人民共和国民事诉讼法〉的解释》第 122 条第 2 款明确规定，当事人所聘请的专家辅助人所发表的意见，等同于“当事人陈述”，这与《刑事诉讼法》的规定还是存在出入的。

专家辅助人虽然需要当事人支付报酬，但仍有异于一般证人。专家发表自己的意见应秉承独立自主宗旨，并遵从于执业操守和专业真相，这方面又令其专家意见与证人证言的属性具有高度统一性。

3. 国外的专家证人制度

2019 年，北京仲裁委员会委托张大平、谭敬慧、吴佐民进行了《建设工程仲裁专家证人制度研究》，通过对国外的专家证人制度资料索引与研究形成以下认识。

3.1 专家证人制度溯源

法律界大多认同专家证人制度起源于英美法系国家，1851 年美国最高法院在其案件审理中使用“Expert Witness”这一说法。虽然专家证人制度诞生于英美法系，但在大陆法系国家亦有应用，伴随着当代诉讼仲裁等争议解决制度与程序的演变发展，两大法系的专家证人制度亦在一定程度上趋于融合。

根据《布莱克法律词典》的解释，"专家证人"是指"通过受教育或者专业经历而获得某一方面超常知识的人"，并且"任何在该方面缺乏专业训练的人都不能对案件事实提出准确的意见或者作出正确的结论"。因此，专家证人通常是具有专家资格，或在某些专业方面具备一定的经验和资格，并被允许帮助陪审团或法庭理解某些普通人难以理解的复杂的专业性问题的人。专家证人的法律地位、参与庭审的方式与程序、专家意见的法律地位、对专家证人意见的评价与追究机制等内容，共同构成专家证人制度的内涵与外延。

3.2 英美法系的专家证人制度

英美法学理论中，普遍使用"专家证人"这一名词指代当事人或受法庭委托就专业性问题发表意见的人员。由于英美法系采用对抗式诉讼模式，其专家证人制度呈现出较为强烈的当事人主导（或称当事人主义）的特征。

英美法律实践中专家证人以当事人选任为主。当事人选任专家，一般都倾向于聘请对自己有利的专家证人。这符合英美国家中当事人主导选择证人的习惯。对抗制诉讼的法律文化观念认为，专家证人的倾向性与对抗性正是帮助裁判者发现事实真相的关键。同时，法律也赋予法院选任专家的权力，如英国《民事诉讼规则》（Civil Procedure Rules）在第35条第1款至第14款、第15款分别规定了当事人聘请以及法院任命的专家，或称"技术顾问（assessor）"，美国《联邦证据规则》（Federal Rules of Evidence）亦在第706条明确规定了"法院指定的专家证人"的情形。因此，英美国家的法院并不经常选任专家，因为法官在对抗制诉讼中处于被动的角色，其被动恰恰被视为公正、中立的必要条件。法官选任专家被视为损害司法公正的行为，并且，事实问题由陪审团判断乃是当事人的权利。英美法系的学者对大陆法系上法院赋予鉴定人权力过大、成为实际的裁判者这一现象，也感到一定程度的担忧。

当然，对于天然具有倾向性的专家证人，以往的专家制度实行过程中也产生了一定弊端，近年来，建立法院专家制度的呼声有所高涨。对于英美法系国家而言，对大陆法系制度的借鉴恰好可以克服自身的缺陷，这是一种与大陆法系相融合的趋势。但由于其对抗制诉讼的法律文化观念，实际效果与预期仍相去甚远。

3.3 大陆法系的法庭专家制度

大陆法系法庭主导的诉讼模式在专家证人制度中亦有类似体现。以大陆法系的典型代表德国为例，一方当事人聘请的专家相较于法院聘请的专家相对较少地出现在诉讼程序中。法律规定的“expert”一词往往被直接称为“法庭专家（court expert）”，又被我国学者翻译为“鉴定人”。大陆法系的制度，包括德国的法庭专家制度是我国鉴定制度的渊源。

在德国，法院专家具有中立、独立的地位，深受法院信任，而当事人选任的专家证人往往会被法院怀疑其可信度，这与我国把当事人聘请的专家辅助人视同当事人陈述差不多，这种现象与大陆法系的法律文化背景密不可分。在法官主导的诉讼中更为积极主动，法官更倾向于直接选择专家证人，而不会被视为对法庭审理公正性的损害，因为主动调查事实是法官的职责。但是，在此种诉讼模式中，可能存在法官对法院聘请专家证人的过度依赖，从而导致参与专家证人断案，或以鉴代审的情形发生，而当事人作为欠缺专业知识的一方，在纠正法院专家观点上十分被动，既无优势，又无机会。为克服法院专家证人制度的这一缺陷，专家辅助人制度亦即当事人聘请的专家制度随之诞生，有学者认为，这种做法贯彻与加强辩论主义、加强当事人在案件中的对抗性，同样体现了两大法系融合的趋势。

4. 专家证人或专家辅助人制度分析

4.1 国内工程界有价值的研究文献

袁华之、邱闯先生在其《建设工程工期争议解决指引》[①]关于专家证人概述中阐述：“早在1554年，著名的Saunders大法官就在Bucklek v.Rice Thomas一案的判决书中断言‘如果我们的司法中出现其他科学或学术的事件，我们通常会运用这些科学或有才能的人士进行辅助’。1782年，Folkes v.Chadd案中的曼斯菲尔德判决突破了证据规则，被视为当事人聘请专家证人的开端。出于对诉讼经济和诉讼效率的考虑，庭审中的科学技术性问题更宜交专业人士解答。在此需求的推动下，专家证人制度历经几个世纪的演进，由最初的‘法律顾问’发展为今天成熟的专家证人制度。”这一阐述也被大多法律界和从事专家证人工作的专家所认同。

4.2 《布拉格规则》中的专家证人制度

2018年12月14日，来自30多个国家的代表组成的工作组，在捷克首都布拉格通过了《关于国际仲裁程序高效进行的规则》[Rules on the Efficient

① 袁华之、邱闯主编：《建设工程工期争议解决指引》，法律出版社2021年版。

Conduct of Proceedings in International Arbitration（2018），以下简称《布拉格规则》]。《布拉格规则》旨在通过鼓励仲裁庭在程序管理方面发挥更积极作用的方式，为仲裁庭和当事人提供一套提高仲裁效率的架构及/或指引。它强调了当事人主导作用，同时也期望仲裁庭在程序上的积极作为。

《布拉格规则》第6条对专家证人制度做了非常详细的安排：

6.1 应一方当事人要求，或由仲裁庭主动并听取当事人意见之后，仲裁庭可以指定一位或多位独立的专家证人就需要专业知识的争议事项出具报告。

6.2 如果仲裁庭决定指定专家证人，应当：

a. 就专家证人的人选向当事人征求建议。为此仲裁庭可以设置拟指定专家证人的要求，如资格、能力、费用，并将该等要求与当事人进行沟通。仲裁庭不应被任何一方提议的候选人所约束，仲裁庭可以：i. 指定一名：a）一方当事人提议的候选人，或b）仲裁庭自己指定的候选人；ii. 成立一个由当事人提议候选人组成的联合专家证人委员会；iii. 向中立机构寻求一个适合专家证人的提议，如商会或者专业协会。

b. 在听取双方意见后，为仲裁庭指定的专家证人设立职权范围。

c. 要求双方平均预付可以涵盖专家证人工作费用的预付金。如果一方没有预付自己应付的那部分费用，应由对方进行预付。

d. 要求双方向专家证人提供其就专家审阅相关履职所需要的一切信息和文件。

e. 管理专家证人的工作，使双方就工作流程保持知情。

6.3 仲裁庭指定的专家证人应当向仲裁庭以及当事人出具报告。

6.4 在一方当事人要求或者仲裁庭主动要求时，专家证人应当被传唤至庭审接受质询。

6.5 仲裁庭指定专家证人，并不排除当事人指定专家证人并提交专家证人报告。在任何一方当事人或者仲裁庭主动要求时，该当事人指定的专家证人应当被传唤至庭审接受质询。

6.6 在听取当事人意见后，仲裁庭可以指示任何当事人指定的专家证人和/或仲裁庭指定的专家证人就他们的报告设置一个联合问题清单，列举他们认为有必要进行审阅的事项。

6.7 在听取当事人意见后，仲裁庭可以指示当事人指定的专家证人和仲裁庭指定的专家证人（如有），举行一次会议并出具一份联合报告，为仲裁庭提供：

a. 专家证人们同意的事项清单；

b. 专家证人们不同意的事项清单；

c. 如果可行，专家证人们不同意事项的原因。

从《布拉格规则》专家证人制度看，仲裁庭可以指定专家证人。仲裁庭指定的专家证人可以来自一方当事人提议的候选人，也可以是仲裁庭自己指定的候选人。与此同时，仲裁庭指定专家证人，并不排除当事人指定专家证人并提交专家证人报告。综合来看，《布拉格规则》非常尊重当事人的选择，非常尊重当地的强制性法律，强调了公平和平等地对待当事人，并为其提供陈述各自观点的合理机会。这一点，在我们的规则制定中非常值得借鉴。

5. 工程造价鉴定意见质证的特殊性与内容

工程造价鉴定不仅涉及鉴定依据适用性，工程计量计价的准确性，还会涉及工程变更费用、工程索赔费用，以及工期、质量等纠纷的责任划分、修复方案争议等，十分复杂、琐碎。针对工程造价鉴定意见发表质证意见，当事人或专家辅助人关注的主要内容很多。

5.1 鉴定主体的适格性

鉴定主体的适格性是指工程造价鉴定机构和鉴定人是否符合承担项目鉴定主体资格的法定或约定要求。主要有：在工程造价咨询资质取消行政许可之前，委托人委托的鉴定机构是否具备了《工程造价咨询企业管理办法》规定的承接相应工程造价咨询业务的资质条件；主要鉴定人的编制人、审核人、审定人是否具备相应的职业资格；鉴定机构和鉴定人是否如实释明，且没有法律、法规和《建设工程造价咨询规范》规定的应当回避的情形；鉴定机构和鉴定人在鉴定过程中是否存在法律、法规和国家标准规定的违规行为。

5.2 鉴定程序的合规性

鉴定程序的合规性是指鉴定机构和鉴定人在鉴定工作中是否按照法律、法规、标准规定和约定的程序进行了工程造价鉴定。主要有：是否符合国家司法鉴定程序的有关规定，如不符合是否经过双方当事人同意或经过委托人依据有关规定批准；是否符合委托人发布的有关司法鉴定或工程造价鉴定的程序的规定；是否符合国家标准关于工程造价鉴定的程序规定；鉴定人在鉴定工程中是否给予双方当事人在鉴定材料补充、现场勘验、核对、意见反馈等方面平等的机会和时间等。

5.3　鉴定事项的准确性

鉴定事项的准确性是指鉴定人在鉴定意见中所描述、包含的鉴定事项和鉴定范围是否符合法庭、仲裁庭以及当事人的委托要求。主要有：鉴定人的工程造价鉴定事项和鉴定范围是否与委托书一致，有无超范围鉴定或遗漏的鉴定内容；涉及工期、质量、修复方案等争议的鉴定事项时，是否就此等前置性争议问题进行了质证或经过委托人的认可。

5.4　鉴定依据的适用性

鉴定程序的适用性是指鉴定人在鉴定意见中所使用的工程造价鉴定依据，是否符合鉴定依据的使用要求，鉴定依据的使用是否正确、全面等。鉴定依据的审核可按照法律依据、合同依据、事实依据三大主要类别进行审核，主要有：鉴定人使用的鉴定依据是否属于委托人质证过的证据，质证过的证据是否与质证方的质证意见一致，如不一致是否经过委托人认可；鉴定人使用的鉴定依据如果未经质证，该鉴定资料是否经过双方当事人核对并签字确认，该鉴定资料是否与质证方的意见一致，如不一致是否经过委托人认可，或在鉴定意见中出具的是选择性意见并说明了理由；鉴定人使用的自备的鉴定依据是否征求过双方当事人意见，合法性、真实性、时效性等是否适用所对应的鉴定项目，是否超出了法律法规、标准、政府有关部门发布的工程计价依据应有的范围等；鉴定人使用的勘验记录是否经过当事人签字确认，是否与勘验记录一致等。

5.5　鉴定方法的合理性

鉴定方法的合理性是指鉴定人在鉴定意见中所使用的工程计价方法，是否符合合同要求，是否科学合理、正确等。主要有：鉴定人的鉴定意见中的工程计价方法是否符合合同约定的计价方法，合同没有约定的是否符合国家相关标准或行业惯例所推荐的计价方法；鉴定人的鉴定意见中的工程计价有关公式是否科学、合理、准确等。

5.6　鉴定结果的准确性

鉴定结果的准确性是指鉴定人在鉴定意见中的工程计价结果，是否准确。工程造价鉴定往往涉及大量的量、价、费的计算，当事人或专家辅助人应在鉴定依据的全面、适用，鉴定方法的科学、合理的基础上，全面复核鉴定人的工程计价计算过程和结果，主要有：工程量计算的准确性；要素含量、价格和综合单价计算的合理性和准确性；税金等其他计算和合计的准确性等。

针对上述应该质证的内容，对于鉴定主体的适格性、鉴定程序的合规性问题，宜由当事人的委托代理人进行质证或提出意见。专家应重点关注鉴定事项的准确性、鉴定依据的适用性、鉴定方法的合理性和鉴定结果的准确性。工程造价鉴定意见的出具，工程造价鉴定意见的质证，以及在庭审时举证、质证、抗辩、对质等，对专家的能力和经验都有很高的要求，都应该是“有专门知识的人”，出于对案件事实查证的必要，在民事案件中给予他们平等的地位更有利于事实的查明和结论的形成。

6. 观点与建议

在英美法系中，专家证人提供的意见被称为专家证言。在大陆法系国家，当采用鉴定方式时，将鉴定意见作为专家出具的特殊证据方式体现。国际上并没有专家辅助人的概念，无论聘请主体是法庭或仲裁庭，还是当事人，均称为专家证人。尽管 Saunders 大法官在 Bucklek v.Rice Thomas 一案的判决书中写道：“如果我们的司法中出现其他科学或学术的事件，我们通常会运用这些科学或有才能的人士进行辅助”，也提及“辅助”，显然是建立了通过专家提供技术支持功能的一种表达而已。综合对“专家证人”“专家辅助人”的分析，笔者认为：

（1）无论是“专家证人”还是“专家辅助人”都是“有专门知识的人”，亦即专家身份，在法律上没有严格定义的情况下，该争论意义不大，另外，从发展趋势看，除非未来法律赋予不同的价值与功能，也没有必要严格划分及争论“专家证人”和“专家辅助人”的概念。

（2）鉴定人显然是以“专家证人”身份出庭和出具鉴定意见的，过于强调鉴定人和其鉴定意见的作用，可能会带来当事人对其权力过大、成为实际的裁判者这一担忧。

（3）与鉴定人一样，同样是“有专门知识的人”，如果是当事人委托的，就明确以“专家辅助人”的身份出庭或出具意见，并“视同当事人陈述”，将弱化专家的实际功能，继而影响技术法律手段的应用与推广。

（4）就工程造价鉴定业务而言，随着我国去行政化改革的深入、工程造价咨询资质取消，参照同样适用大陆法系和英美法系的《布拉格规则》，法院和仲裁庭，特别是在涉外案件中尝试直接委托专家证人进行工程造价鉴定并无法律障碍。如果进一步尊重当事人的选择，仲裁庭与当事人选择的专家证人共同组成专家证人小组，不仅更有利于法庭和仲裁庭对事实的查明和分歧原因的分析，也有利于降低当事人费用、提升质效，更有利于造价工程师专业水平的提升，还可避免鉴定机构或鉴定人被投诉的现象发生。

中国古代史传统中的商事仲裁基因

詹　晖*

● 摘　要

商事仲裁被普遍认为溯源于欧洲的商人行会。然而，在中国古代历史中某些时代，仍然能够发现商事仲裁的萌芽发展，首先是因为某些朝代商品经济本身高度发达，其次是因为中国的法律历史传统中民间调解和有某种终局决定民事纠纷性质的“调处”机制的存在，最后是因为政府行政权和司法权集于政府，且一贯有“厌诉”之情绪，故从古代中国的历史记载中仍能发现商事仲裁影子的存在，这也是历史唯物主义的必然结果。而商事仲裁的中国基因体现于两方面：一是调解和仲裁的不可分离性，二是仲裁和官方授权存在紧密的联系。

● 关键词

仲裁　古代中国

Abstract: Commercial arbitration is generally believed to have its roots in European merchant guilds. However, in some eras of ancient Chinese history, the budding development of commercial arbitration can still be found, firstly because the commodity economy itself was

---

* 詹晖，北京德和衡律师事务所合伙人，北京仲裁委员会/北京国际仲裁中心仲裁员。

highly developed in some dynasties, and secondly, in China's legal history tradition, there has been civil mediation and "mediation and decision" mechanism that ultimately determines the nature of civil disputes, thirdly, the government's administrative and judicial powers are concentrated in the government, and there has always been a feeling of "Tired-of-lawsuits". Therefore, the existence of the shadow of commercial arbitration can still be found in the historical records of ancient China. This is also the inevitable result of historical materialism. The Chinese DNA of commercial arbitration is reflected in two aspects: one is the inseparability of mediation and arbitration, and the other is the close connection between arbitration and official authorization.

Key Words: arbitration, ancient China

商事仲裁作为非诉纠纷解决机制的重要组成部分，普遍认为溯源于欧洲的商人行会。当时的商事法院，包括市场法院、集市法院、商人行会法院和城市法院，性质上是非专业的社会共同体法院。法官和仲裁员多为在行会中有较高威望的人员，由商人们从同行中选出，或多数情况下直接由行会首脑和成员组成。当时地中海沿岸一带，海上交通和因此产生的海运贸易发达，商品经济取得了长足发展。各城邦和港口之间的商事往来增多，由此商人之间的商事纠纷亦逐渐增多。为及时解决商人之间的各种商事纠纷，也为行会之间的和谐和交易的正常进行，纠纷当事人自愿共同委托德高望重、办事公道、熟悉情况的第三人对纠纷进行居中裁判。因仲裁员的身份，采取仲裁的方法简便易行，逐渐为商人们所接受，形成了纠纷双方当事人共同约请第三者居中裁决其纠纷的习惯，并延续至今。[①]

而古代中国虽然统治者大多情况下重农抑商，长期以来未能重视商业在国民经济中的重要地位，但是在历史的多个发展阶段，如唐宋、明清时代，因物质生活的极大丰富，人们已经有了多种商品和服务的需求，商品经济得到极大的发展，同样存在民间交易所产生的民商事纠纷的解决需求。

① 参见黄进主编：《仲裁法学》，中国政法大学出版社2002年版。

一、“调人”和“啬夫”——调解员和仲裁员的雏形

古自西周就有调人之官名，主要负责掌管调解民众纠纷。《周礼·地官》：“调人，下士二人，史二人，徒二十人”，调人的职责是“掌司万民之难而谐和之。凡过而杀伤人者，以民成之。鸟兽，亦如之”。但是历史典籍中并没有反映出调人职位的具体工作方法，而且调人的职责也并不是局限于民商事纠纷、经济纠纷，如《周礼·地官·调人》中提到：“调人掌司万民之难，而谐和之。凡过而伤人者，以民成之……凡和难，父之仇，辟诸海外；兄弟之仇，辟者千里之外；从父兄弟之仇，不同国；君之仇眡父；师长之仇眡兄弟；主友之仇眡从父兄弟。弗辟，则与之瑞节而执之。”这是在陈述古代的“移乡避仇”制度，杀人者遇赦免刑（过去经常有天下大赦），而被杀者家中尚有近亲属，为履行赦令，又防止仇杀，被赦者不得返居故乡，要移居外地落户，不同的仇恨，避的距离远近有规定，所谓和难，即指这种仇恨的和解，促进和平。

可见，首先，调人设置的主要目的是维持社会的和谐稳定，解决纠纷只是维持稳定和谐的手段之一；其次，调人调解的纠纷不仅仅限于经济案件，甚至可以说其调解的重点并不在于经济纠纷，而是以平民之间的刑事案件的解决为主要任务。

时间轴进入秦汉时期，随着中央集权制国家初具模型，中央越来越依赖于中央派驻地方的官员而不是分封的诸侯管理地方事务。“啬夫”出现了。“啬夫”一词本翻译成农夫，收获庄稼的人，在周礼中就出现了，《仪礼·觐礼》：“啬夫承命，告于天子。”但是职权不详，后到秦朝，掌管乡一级别的诉讼和赋税，但是是否具有公务员的身份，尚有争议。至汉朝，啬夫具备了正式的政府编制。《汉书·百官公卿表》中提到乡有三老：有秩、啬夫、游徼。《汉书·百官志》中提到：有秩，郡所置，秩百石，掌一乡人；其乡小者，县置啬夫一人，皆主知民善恶，为役先后，知民贫富，为赋多少，平其差品。作为朝廷派驻乡里的最小行政管理单位，啬夫的主要任务是土地管理登记和收税，但是经县一级别的官员的授权，啬夫同样会处理一些民事纠纷。在出土文物《候粟君所责寇恩事汉简》中详细描述了一个民事纠纷中啬夫扮演的角色。建武二年十二月，客民寇恩受甲渠候的雇佣运鱼去觻得出售，议定付工钱一头牛和二十七石谷，但鱼价须卖够四十万钱。寇恩未卖够此数，卖掉作工钱的

牛才凑足三十二万，还欠八万。于是粟君扣押了寇恩的一些车器杂物值。粟君告状寇恩欠牛不还。在这个典型的民事争议中，啬夫不但通过爰书（古代的取证文书）的方式对双方进行了事实调查和单独询问，同时也对于裁决结果向上（县）汇报了处理意见，后得到了上级的认可。最终查出原告方扣留被告方的财物已经远远超过了原告方的损失，原告的请求被驳回。

因古代中国政府行政权和司法权集于政府，一贯有"厌诉"之惯例，这个传统端倪于秦汉时期。所谓"厌诉"，是指只要不涉及赋税征收、土地和人口登记等行政管理、影响政府职权行使的职能，或者是因刑事案件破坏社会秩序的，政府往往怠于处理平等主体之间的民事纠纷，这就使"调人"和"啬夫"这些低级别的派驻人员虽然并没有官方裁判的授权，仅仅扮演着郡县长官裁判辅助者、调查者的角色，但是实际上在县、乡这个级别中出现的民事、商事纠纷，多是由"调人"和"啬夫"负责处理，因此认为"调人"和"啬夫"是最早的调解员和仲裁员的雏形，是没有问题的，可惜因为古代中国的历史记载均关注于典型的王侯将相史，对于市民生活的记载史料非常稀少，使得研究的素材缺失。

二、家族内、家族外和行会仲裁与调解的发展

随着秦汉确定的民事纠纷解决的思路，中国民间的私法纠纷绵延发展了两千年之久，民事纠纷产生后，交由族长乡里正式或非正式的公职人员处理，但是商品经济的发展和职业商人的出现也带来了一些挑战，中国式的行会仲裁也具备了生长的土壤。

家族内部的纠纷，包括户婚、田土、钱债、斗殴等产生的民事纠纷和轻微的刑事案件，都交给族长调解或裁决，清代又称"调处"。争议产生后，双方当事人各自邀请乡邻、亲友或在当地民众中有威望者出面说和、劝导、调停，若调停不成，则由族长或其指定的家族中具有威望的成员进行裁决，争议双方均必须接受这一结果。清朝大力倡导封建宗族的所谓"自治权"，《大清律例》规定，甚至连轻微罪犯、妇女罪犯可以送交宗族，责成宗族管束处理，而至于民事纠纷特别是婚姻、继承争端，也基本全部交给宗族处理。道光时期御史周作辑云："每姓有族长绅士，凡遇族姓大小事件，均听族长绅士判断。"调处中的"处"，就不仅仅局限于需要两边当事人均同意的调解方式，而是具备

一定强制力的裁决的方式。[1] 而家族内人员多已经习惯性地接受这种方式，如据《王孟箕讲宗约会规》载，王氏族人每月两次在祠堂集会，宣讲经书、伦理、国家法律等，然后处理各种纠纷。“一问族中有无内外词讼。除本家兄弟叔侄之争，宗长令各房长，于约所会议处分，不致成讼外，倘本族于外姓有争，除事情重大付之公断，若止户婚、用上。闲气小忿，则宗长使询所讼之家，与本族某人为亲，某人为发，就令其代为讲息。”家族调处的方式亦多次得到官方的认可。以在一个组织内部通过相对权威的人士进行调处，而其他组织成员服从这种决定，是成员能够成为组织的一员的前提，这样的逻辑跟行会仲裁的逻辑是完全一致的。

而在家族外的经济纠纷，仍然秉承着“无讼”的基本逻辑，依靠政府在乡里设置的官员处理，如里正、里长等最基层的组织，发挥着协调、裁决跨家族之间的纠纷的主要作用，特别值得一提的是，乡级别的官员虽然名义上属于公务员体系，但是大多数情况下其并没有获得过案件审理权的授权，无论民事案件还是刑事案件审理权仍在县、郡、州等国家机关，法律一般授权其有调解的权力，而调解不成做出最终结论的权力，仍然是来自各个宗族对其权威的共同认可，而非官方的授予，所以乡一级别官员只能说是行政上的地方管理者，经授权的调解员，同时扮演民间仲裁员的角色。如明代在全国各乡设立“申明亭”，法律明确规定：“凡民间应有词讼，许耆老里长准受于本亭剖理。”[2] 这种调处制度属于强制的诉前程序，不经调处而起诉的，按照“越诉”处理，经久无法调处的，方能进行起诉。而乡长、里长虽然没有审判权的授权，也在很多情况下通过调和处即调解和裁决相结合的方式化解纠纷，如两造当事人仍不同意，可以通过延长纠纷的解决时间，阻止当事人直接向县衙起诉，而把诉讼化解于前端。

自宋始，至明清两代，随着商业的发展，具有工匠和商人联合协会性质的“行会”随之出现，其产生源于生产力的发展、物质生活和平民生活的丰富。即使在重农主义的官方指导下，城市的行会经济不可避免地涌现了。商

① 清代法律意识里没有现代法学意义上的民事纠纷概念，但这并不意味着当时社会中不存在类似现代民事纠纷的社会纠纷。只不过这些纠纷在当时被称作“户婚、田土、钱债”细故或“一切鼠牙雀角钱债”细故。（郑秦：《清代法律制度研究》，中国政法大学出版社2000年版。）

② 参见《大明律集解附例》卷二十六。

事领域中出现了由商人联合自发管理的组织，如商帮、行会、会馆等，对于这些组织内部的纠纷，家族内及乡里的调处的影响力非常有限，也难以服众，也没有解决该类纠纷的能力。要形成组织，必然先有规范，此时行会的领袖就会召集组织成员“公同议罚”，往往在纠纷出现后会依据成本法律、帮规行规、商业习惯进行处理。如有某行会约定：“有事约庙，务须先告管总，与值年首人酌量事当约否，如当约，先送典钱八百文与总首人，总首人宜平心论理，秉公分析，不得树党偏袒。”[①] 此处不但记载了早期的仲裁员——总首人，还记载了早期的仲裁费用的缴纳过程，但仲裁费仅用于“摆卖茶食”，类似于仲裁机构的积极花费。行会适用的主要规则——行规，也必须得到政府的认可甚至批准，因为私立行规是禁止的，行规应当与国家的强制性规范和对行业的经营范围规定保持一致性。

在一些国外学者的眼中，清代的行会裁判是比较典型的商事仲裁，具备商事仲裁的典型特点：“调解委员会，有关当事人及证人在一座寺庙见面。在那儿，引发这场纠纷的货物，摆在委员会面前，各方都简短作了证。听了证人发言，经短暂商议之后，委员会作出裁决。双方接受这一终局裁决，站了起来，向委员会鞠躬，彼此相互鞠躬，……倘若告官，……会带来诸多不便。”[②]

商事仲裁在封建制度下的商品经济中初现端倪，显然是具有经济基础决定的必然结果，不会因为土壤的不同而产生区别，但是这种基因体现出的中国因素，是不能忽视的。一方面政府更加依靠组织的自治去解决自身并不关注的私事，以防止过多的精力投入影响了行政的效率；另一方面政府仍然保留着作出最终决定的权力，以防止对社会秩序的失控。这种矛盾的治理观贯穿于中国式的商事仲裁的始终。

三、商事仲裁的中国传统基因

综合上述史料，显然，哪怕在中国长期以来封建社会倡导“重农抑商”“厌诉止讼”的主流思想下，平等主体之间的民事和商事纠纷仍然有极大的纠纷解决需求，也不可避免地随之产生了半官方授权的或者是商业内部产生行业

---

① 彭泽益主编：《中国工商行会史料集》上册，中华书局1995年版，第349页。

② ［英］S- 斯普林克尔：《清代法制导论——从社会学角度加以分析》，张守东译，中国政法大学出版社2000年版，第115页。

自治的商事仲裁机制。这些机制很大程度上与欧洲传统的商事仲裁有异曲同工之妙，但也不可避免地产生了独特的“基因”：

（1）调解和仲裁的不可分离性。“调处”本身是不可分离的，均同等地视为把纠纷消灭在向官府诉讼前端的方式，其价值取向也是完全相同的，调解员和仲裁员实为一体，把调解和仲裁放在同一程序，非常有利于解决纠纷、化解矛盾，虽然客观而言调解员和仲裁员的角色分离似乎更能厘清二者的关系，但放在同一程序也当然地大大提高了解决纠纷的效率。当代中国的仲裁机构多数情况下也把调和裁集于一体，显然，这种基因足以成为中国式商事仲裁的独特优势之一。

（2）来自官方授权的仲裁。抛开封建末期出现的行业仲裁，在传统乡土中出现的仲裁其权力多来自官方正式或非正式的授权。虽然现在认为仲裁权力来源于当事人两造达成一致的仲裁协议条款，但官方的授权可以使结论更具规范性和强制力，能够更好地保证结果的实施。行会仲裁结果的执行多取决于当事人的自律性和对行会规则的遵守，而受官方授权的仲裁却可等同于比照审判机关最终司法文书的效力。强制力对于仲裁结果的保证，正因为这种纠纷处理方式已经得到官方的认可和国家强制力的支持，显然，这种基因对于解释当代的仲裁因何能够得到法院执行机关的实施，更加具有解释力。

我国非完全民事行为能力人仲裁程序问题研究

邓　宇*

● **摘　要：**

自然人签订的仲裁协议或仲裁条款的效力与其是否具有完全民事行为能力密切相关，但仲裁实践中，自然人的民事行为能力本身存在复杂性、隐蔽性。此类仲裁争议案常常聚焦在“谁”应当被列为案件申请人或者被申请人、“谁”可以实施仲裁行为，仲裁程序应当如何进行等问题上。本文拟通过分析非完全行为能力人的仲裁权利能力和仲裁行为能力，厘清非完全行为能力人在仲裁程序中的主体资格，进而探讨仲裁程序如何应对、仲裁与诉讼程序的衔接、当事人实体权利的保护等，以期对仲裁实践有所裨益。

● **关键词**

非完全民事行为能力人　仲裁权利能力　仲裁行为能力　仲裁程序中止

Abstract: The validity of an arbitration agreement or arbitration clause signed by a natural person is closely related to whether such

---

* 邓宇，北京仲裁委员会/北京国际仲裁中心仲裁秘书，中国政法大学法律硕士。在本文写作和修订过程中，北京仲裁委员会/北京国际仲裁中心副秘书长陈福勇博士、立案室负责人王瑞华，仲裁秘书付冰、高壮、李偞婧等提出了宝贵意见和建议，笔者在此一并致谢。

natural person has full capacity for civil conduct; however, the capacity for civil conduct of a natural person is complicated and concealed in arbitration practice. Such arbitration disputes usually focus on such issues as "who" shall be taken as the Claimant or Respondent to a case, "who" is entitled to conduct arbitration, and how the arbitration procedure shall be conducted. This article intends to analyze the capacity to arbitrate rights and the capacity to act in arbitration of persons with insufficient capacity for civil conduct, clarify the qualification of such persons in arbitration procedure, further discuss how to deal with arbitration procedure, how to bridge arbitration and litigation procedure, and how to protect the substantive rights of the parties concerned, etc., in the hope to benefit arbitration practice.

Key Words: person with insufficient civil capacity, capacity for arbitration rights, capacity for arbitration conduct, suspension of arbitration proceedings

一、问题的提出

2019 年，习近平总书记在中央政法工作会议上作出重要指示，明确提出要“把非诉讼纠纷解决机制挺在前面”。仲裁在非诉讼纠纷解决机制中扮演着重要角色。随着近年来仲裁业的发展，仲裁原本作为商事主体之间解决商事争议的一种常见方式逐渐走进了老百姓的视野，越来越多的民事争议约定仲裁解决。

在新冠病毒疫情的影响下，传统经济发展受到一定程度的冲击，线上经济兴起。其中，线上教育培训行业几欲成为新的经济增长点。但在 2021 年 7 月 24 日，中共中央办公厅、国务院办公厅印发了《关于进一步减轻义务教育阶段学生作业负担和校外培训负担的意见》（以下简称双减政策），旨在减轻义务教育阶段学生作业负担，减轻校外培训负担。双减政策一出，大量教育培训合同的履行受到重大影响，该领域纠纷爆发式增长，主要表现为大量学生家长向司法机关或者仲裁机构请求解除教育培训合同或者请求教育培训机构承担违约责任。但由于教育培训行业发展过程中存在诸多不规范，教育培训合同有的是以家长的名义与教育培训机构签订，有的是以未成年人的名义与教育培训机构签订，还有的是二者兼有或者抬头和落款交叉，合同主体的认定陷入混乱。

除此之外，“全民理财的时代”下，委托理财、个人投资等纠纷大量增长，其中不乏疑似患有精神疾病或患有精神疾病的自然人投资理财，进而引发纠纷。

不论是有关未成年人的教育培训合同，还是有关患有精神疾病的自然人签署的合同，均涉及无民事行为能力人或者限制民事行为能力人（以下简称非完全行为能力人）的仲裁纠纷，数量逐渐增多。《中华人民共和国仲裁法》（以下简称《仲裁法》）第 17 条规定：“有下列情形之一的，仲裁协议无效：……（二）无民事行为能力人或者限制民事行为能力人订立的仲裁协议；……”由此引发了在仲裁程序中，“谁”应当被列为本案申请人或者被申请人；以及由“谁”来实施仲裁行为，仲裁程序应当如何进行等问题。换言之，非完全行为能力人在仲裁中的仲裁权利能力和仲裁行为能力该当如何。

二、非完全行为能力人的仲裁权利能力

民法意义上的民事权利能力、民事行为能力与民事诉讼法上民事诉讼权利能力、民事诉讼行为能力并不完全等同。

所谓民事权利能力是指据以充当民事主体，享受民事权利和承担民事义务的法律地位或者法律资格，又称法人格或人格。[①] 在理念上，权利能力与“人生而平等”相呼应，行为能力则对应“理性人”的观念。私人自治作为民法的原则使得个人能够依其意志缔结法律行为，不过，只有当行为人明白其意思表示的后果时，这才有意义。因此，民法为民事主体践行私人自治确定了最低理性标准，即行为人必须具备理解和判断其行为后果的能力。[②] 这种理性能力，即为民事行为能力。故民事行为能力本质上是一种理性地形成意思的能力。[③]

而诉讼权利能力是指成为民事诉讼当事人，享有诉讼权利、承担诉讼义

① 参见梁慧星：《民法总论》（第 3 版），法律出版社 2007 年版，第 65 页、第 66 页。

② 参见朱广新：《民事行为能力制度的体系性解释》，载《中外法学》2017 年第 3 期。

③ 参见［德］迪特尔·梅迪库斯：《德国民法总论》，邵建东译，法律出版社 2000 年版，第 409 页。

务的资格。它所强调的是具有作为诉讼当事人的资格，而不问权利人实际是不是具有实施该行为的能力。诉讼行为能力是指通过亲自实施诉讼行为行使权利、承担义务。诉讼权利能力回答了谁有诉讼权利和承担诉讼义务，诉讼行为能力回答谁可以实施诉讼行为。

一般而言，有民事权利能力的主体具有民事诉讼权利能力。我国《民法典》第 14 条规定："自然人的民事权利能力一律平等。"自然人的民事权利能力始于出生、终于死亡，那么自然人的民事诉讼权利能力也始于出生、终于死亡。因此，即使是非完全行为能力人，其也具有民事诉讼权利能力，在诉讼程序中可作为原告或者被告。同样，非完全行为能力人在仲裁程序中具有仲裁当事人的资格，可以作为案件申请人或者被申请人，即具有仲裁权利能力。

虽然我国《仲裁法》明确规定非完全行为能力人签订的仲裁协议无效，但是由于仲裁条款效力的审查属实质审查范围，所以在案件受理时，立案部门仅对仲裁条款的必备三要素（仲裁协议、仲裁事项、仲裁机构）进行形式审查，并不能审查、认定签订仲裁条款的主体的行为能力，亦不能据此对仲裁条款的效力作出认定。而实践中非完全行为能力人签订合同形式的多样，常涉及非完全行为能力人和其法定代理人谁有仲裁权利能力、谁为适格当事人之争，笔者下文拟区分不同的情形分别探讨。

（一）非完全行为能力人具有仲裁权利能力，可作为适格当事人

实践中，合同中抬头处和签章处若仅涉及非完全行为能力人，非完全行为能力人毋庸置疑为案件当事人。但若合同抬头处和签章处出现不一致的情形，则需要进一步探讨案件适格当事人。具体分为如下几个情形：

1. 情形一：合同抬头处与签章处均显示为非完全行为能力人（见图 1）

仲裁立案时，合同抬头处与签章处均显示签署人为非完全行为能力人，其当然地成为案件当事人。但是否需要根据《民事诉讼法》的规定由法定代理人代为仲裁、在仲裁申请中同时列明法定代理人，需回归至民事行为能力认定的标准。我国民事行为能力人认定有两种标准：第一，年龄标准。自然人的年龄是客观事实的认定，在其意欲启动仲裁程序时是否已满 18 周岁是可以客观判断的。因此，在仲裁立案时，案件当事人是未成年人的情况下，宜在仲裁申请书中同时列明该未成年人的法定代理人。第二，心智标准。一个人心智是否健全则需要以其是否能认识到自己行为带来的后果，以及是否能控制自己实施相应行为等因素综合判断。故实践中对一个成年人是否为精神病患者的判断是复杂且困难的。因此，在没有明确证据（如法院的民事行为能力认定裁定）显示该当事人行为能力有欠缺，则应当默示推定其为完全民事行为能力人，即使有初步证据显示其可能患有一定的精神疾病，立案时也不宜要求其在仲裁申请书中列明其法定代理人。

甲方：A 有限责任公司　　　　乙方：张三（非完全行为能力人）
法定代表人：
联系方式：　　　　联系方式：
联系地址：　　　　联系地址：

合同正文

（签章处）

甲方：A 有限责任公司（公章）　　　　乙方：×××（非完全行为能力人）

图 1

2. 情形二：合同抬头处为非完全行为能力人，签字处为其法定代理人代签字（见图 2）

该情形在实践中常表现为：合同抬头处为“甲方（乙方）：A”，签字处为“甲方（乙方）：B（法定代理人）代 A”或者“甲方（乙方）：A（法定代理人）”。上述情形为法定代理人代当事人签字的常见情形，视为合同明确表明法定代理人代理非完全行为能力人实施的民事法律行为，故案件当事人应为非完全行为能力人本人，同时仲裁申请书须列明当事人的法定代理人。

甲方：B 有限责任公司　　　　乙方：张某三（非完全行为能力人）
法定代表人：
联系方式：　　　　联系方式：
联系地址：　　　　联系地址：

合同正文

（签章处）

甲方：B 有限责任公司（公章）　　　　乙方：张某某（法定代理人）代张某三

［乙方：张某某（法定代理人）］

图2

（二）法定代理人在特定情形下应为案件适格当事人

除前述两种情形外，实践中还常出现合同抬头处与签字处人员不一致，但签字处的人员并未标明签字人身份的情形。即：

3. 情形三：合同抬头处为“甲方（乙方）：A”，签字处为“甲方（乙方）：B”。A 为非完全行为能力人，B 为完全行为能力人，一般而言 B 为 A 的法定代理人，但合同中并未体现 A、B 之间的关系（见图 3）。

甲方：C 有限责任公司　　　　乙方：张某三（非完全行为能力人）
法定代表人：
联系方式：　　　　联系方式：
联系地址：　　　　联系地址：

合同正文

（签章处）

甲方：C 有限责任公司（公章）　　　　乙方：李四（完全行为能力人）

图3

上述情形，若有初步证据能够显示落款处签字人为抬头处非完全行为能力人的法定代理人，则该签字行为存在两种解释，一是法定代理人代非完全行为能力人进行的民事法律行为；二是法定代理人以自己的名义签订的合同，合同内容涉及第三人（即非完全行为能力人）。不论哪种解释，非完全行为能力人和其法定代理人均有案件当事人资格，但不可同时成为案件当事人，具体来说：

就解释一而言，《民法典》对于无民事行为能力人实施的民事法律行为"一刀切"地规定为无效，其民事法律行为应当由法定代理人代为实施。《民法典》规定了限制民事行为能力人实施的与其智力、精神状态不相适应的民事法律行为，由法定代理人追认或者同意后可实施。因此，当合同抬头处为非完全行为能力人时，法定代理人的签字存在被解释为"代理"行为的空间。"法定代理人"是法律赋予的一种保护非完全行为能力人利益的方式，除其"委托代理关系"是由法律强制赋予的之外，其他的法律效果应与一般代理相同。既然是代理行为，权利义务承受者应为被代理人，即此时案件的当事人应为非完全行为能力人。

就解释二而言，法定代理人以自己名义与相对方签订向第三人履行的合同，当相对方存在违约行为时，法定代理人当然可以以自己的名义仲裁相对方。但该解释下，是否同样能论证非完全行为能力人可以以自己的名义仲裁相对方呢？这需要进一步厘清第三人利益合同在仲裁中的适用空间。《民法典》第522条[①]规定正式确立了我国的第三人利益合同制度，[②]对利他合同性质之规定囊括了真正利他合同与不真正利他合同。[③]前半段规定了债权人在第三人违约时，有权向第三人主张违约责任，但后半段规定此权利仅在"法律规定或当事人约定"的情形下适用。前半段仅赋予债权人请求权，故为不真正利他合同；后半段在"法律规定或当事人约定"之情形下赋予第三人请求权，故为真正利他合同。一般而言，实践中遇到的此类合同不会专门设定条款赋予非

① 《民法典》第522条规定："当事人约定由债务人向第三人履行债务，债务人未向第三人履行债务或者履行债务不符合约定的，应当向债权人承担违约责任。法律规定或者当事人约定第三人可以直接请求债务人向其履行债务，第三人未在合理期限内明确拒绝，债务人未向第三人履行债务或者履行债务不符合约定的，第三人可以请求债务人承担违约责任；债务人对债权人的抗辩可以向第三人主张。"

② 参见周宇、李乾宝：《〈民法典〉利他合同制度评析与解释进路》，载《东南学术》2020年第4期。

③ 参见汤维建：《当事人适格的判断机制》，载《法律适用》2021年第7期。

完全行为能力人债权请求权。即使在合同中约定非完全行为能力人可向教育培训机构主张权利，这样的约定也与非完全行为能力人的行为能力存在冲突，该约定的效力是存疑的。退一步讲，仲裁条款的签订相对于其他合同行为而言，更加遵守合同相对性原则，在没有明确写明第三人可通过仲裁主张权利的情况下，第三人通过仲裁解决纠纷的可能性很低。另外，仲裁协议严格遵守合同相对性原则，也意味着非完全行为能力人和法定代理人不可同时成为案件当事人。按照此种理解，此时的适格当事人应为法定代理人。

（三）仲裁对当事人适格审查的扩张

案件受理时，单纯对当事人适格实行形式审查或者实质审查均未免失之偏颇。当事人适格作为一个贯彻仲裁始终的基础性事项，对其所进行的审查客观上存在从形式审查到实质审查逐步深入的，层层递进的过程。①值得探讨的是，在案件受理时，对当事人适格的审查程度如何。形式审查是指，根据当事人提交的书面材料，如仲裁申请书、主体证明材料以及所附随的证据材料，进行文义性和逻辑性判断的表面性审查。在形式审查过程中，仲裁机构可以向当事人释明需要补充提交或者修正的案件材料。形式审查的基本功能在于尽早地排除对仲裁案件推进的不利因素，以平衡保障当事人双方的程序利益，提高仲裁的实效性。②

实践中，民事合同双方当事人谈判地位不尽对等，不少商家利用自然人主体对仲裁知之甚少这一特点，将争议解决方式约定为仲裁，给当事人救济自己的权利增加成本，导致出现不少案涉标的额低于仲裁机构的最低收费的案件。例如，绝大多数教育培训合同案涉标的额在1万元以下，仲裁费可能与标的额持平甚至更高。由于仲裁费是当事人启动仲裁程序时需要己方预交的费用，故而哪怕最终是由败诉方承担，当事人提起仲裁时也会对仲裁费格外关注。因此，立案部门对此类案件进行形式审查时会更加谨慎，以避免当事人因未完全了解主体风险而对仲裁费承担产生不合理的预期。当“申请人”或者“被申请人”行为能力明显存疑，极大可能会导致仲裁协议无效时，立案部门一般会充分释明案件主体风险，必要时会建议当事人结合合同约定情

① 参见汤维建：《当事人适格的判断机制》，载《法律适用》2021年第7期。

② 参见张建：《中国商事仲裁的国际化挑战——以最高人民法院的裁判观点为视角》，载《上海政法学院学报（法治论丛）》2016年第1期。

况，尝试前往法院立案解决纠纷。如果当事人坚持仲裁立案，亦会提醒当事人关注当事人的行为能力问题导致的仲裁主体适格与否的风险。

三、非完全行为能力人的仲裁行为能力

同诉讼行为能力一样，仲裁行为能力是指当事人能够亲自进行仲裁活动的资格。非完全行为能力人具有仲裁权利能力，并不意味着其能亲自进行仲裁活动。《仲裁法》第17条规定了非完全行为能力人签订的仲裁协议无效，从该条规定可以看出，仲裁对当事人的行为能力要求远高于一般民事行为。原因在于仲裁作为一种专业、高效、一裁终局的争议解决方式，涉及许多程序权利的处置，如申请仲裁、答辩、举证质证等，同时与最终实体权利的处分密切关联。因此，进行仲裁程序要求当事人仲裁行为能力无瑕疵。

（一）无明确证据时，推定当事人具有完全仲裁行为能力

如前所述，我国公民民事行为能力的认定有两种标准，一是年龄标准，二是心智标准。一个人的年龄是客观事实的认定，因此，在涉及未成年人的案件受理时，立案部门可通过审查要求申请人或者被申请人列明法定代理人，从而避免仲裁程序中因当事人仲裁行为能力方面瑕疵而导致的一系列问题。但一个人心智是否健全是需要综合判断的。因此，仲裁机构在案件受理时，以及在审理过程中，无明确证据指向下，当事人在仲裁程序中的仲裁行为的效力应当推定为有效。理由为：

一方面，依原理，当事人具有的仲裁行为能力是其仲裁行为有效的前提，如果当事人无仲裁行为能力，那么其仲裁行为的效力无从谈起，即使当事人的仲裁行为在先，其无仲裁行为能力的认定在后，这一认定也应具有溯及力。

另一方面，任何法律条文或原理的运用都要受一定时间及空间要素的影响和制约。因此，由于当事人仲裁行为能力问题本身具有一定的复杂性和隐蔽性，加之当事人法律知识的缺乏，造成仲裁机构在受理案件时以及仲裁庭在案件审理过程中，很难对案件当事人的仲裁行为能力问题做出及时、准确的判断。正是在此背景下，当事人的仲裁行为能力应是推定的，即在通常情况下，仲裁机构或者仲裁庭推定每个进行仲裁的当事人都是有仲裁能力的。只有当仲裁庭及对方当事人对某当事人的仲裁行为能力产生了有事实根据的怀疑时，

才需要对当事人的仲裁行为能力做进一步的审查。[①]

（二）当事人仲裁行为能力存疑时，仲裁程序应当中止

仲裁程序中，当出现导致当事人仲裁行为存疑的情形时，如当事人声称自己患有精神疾病（如抑郁症，双相情感障碍等），并提供了相关的医院诊疗记录；或者居委会、村委会出具了监护人方面的证明；或者身份证信息存在虚假等，仲裁庭需高度关注的不仅是当事人的仲裁行为能力，同时需要关注当事人的民事行为能力。因为当事人的民事行为能力存疑，还关系着仲裁协议的效力问题。须强调的是，仲裁协议的效力与当事人签订仲裁协议时的行为能力有关；仲裁程序中实施的仲裁行为的效力与当事人进行仲裁程序时的仲裁行为能力有关，二者不可混谈。

故实践中，仲裁庭首先需要判断是否存在有关机关对当事人民事行为能力认定的证据。如果有，则需要进一步判断当事人是从何时起成为非完全行为能力人的。有关机关对当事人民事行为能力认定的证据主要是指法院的判决或者裁定，以及经公安机关调取的当事人身份信息。（1）如若该等证据表明当事人在仲裁协议签订时已为非完全行为能力人时，则需要从程序和实体两个方面作出不同的处理。程序上，仲裁庭需主动向其法定代理人征询意见，如果其法定代理人认为有必要进行仲裁，并对该非完全行为能力人的仲裁行为予以追认，非完全行为能力人已进行的仲裁行为应视为有效，之后的仲裁则由其法定代理人直接代理。其法定代理人认为没有必要进行仲裁，非完全行为能力人为申请人的，则可建议其代为撤案以终止该仲裁程序，非完全行为能力人为被申请人的，其仲裁行为不产生法律效力。实体上，因当事人在签订仲裁协议时为非完全行为能力人，依据法律规定非完全行为能力人签订的仲裁协无效，但需要关注的是法定代理人是否可以通过签订合同时的行为，“签订”仲裁协议。由于篇幅所限，将在后文分析。（2）如若该等证据表明当事人在仲裁协议签订时为完全行为能力人的，仅需按前述安排对仲裁程序作出相应处理。

如果仲裁庭未发现存在有关机关对当事人行为能力认定的证据，而当事人行为能力处于存疑的状态，仲裁程序该当如何？与当事人以“约定的仲裁

① 参见何皞：《破解无诉讼行为能力人参加民事诉讼的法律难题——以规范司法精神病鉴定为路径》，载《西安财经学院学报》2012年第3期。

事项超出法律规定的仲裁范围”和“一方采取胁迫手段，迫使对方订立仲裁协议”的事由认为仲裁协议无效，从而认为仲裁庭无管辖权的情形不同，前述两种情况仲裁庭可以自行审查，自行认定，仲裁程序并非不可以继续进行。而若当事人签订仲裁协议的行为能力存疑时，仲裁庭则不能对当事人的行为能力进行认定。其原因在于，当事人的民事行为能力是决定公民是否具有民事主体地位的一项重要制度，其与公民的人身、人格、财产等各项权利密切相关，具有深刻的人身属性。

依据《民事诉讼法》第194条第1款[①]规定，自然人行为能力的认定需要经过严格的法定程序，只能是利害关系人或者有关组织向人民法院提起诉讼，除此之外，任何组织及公民无权通过任何程序确认公民非完全民事行为能力。故在仲裁程序中，若出现当事人行为能力存疑的情况进而对案件的审理有重大影响的，仲裁庭应当中止程序，由当事人向法院申请认定公民无民事行为能力或者限制民事行为能力程序。待法院对当事人行为能力作出认定后，再对仲裁程序作出相应的安排。当然，不排除实践中有当事人拒绝向法院申请对特定当事人的行为的能力作出认定，这种情形下，可以考虑建议对方当事人以当事人不具有行为能力签订的仲裁协议无效为由向有管辖权的人民法院申请确认仲裁协议效力，法院在审理确认仲裁协议效力案件中，则会不可避免地审查当事人的行为能力这一先决要件。

（三）法定代理人默示代理签订仲裁协议

在我国，仲裁的发展滞后于诉讼的发展，国际仲裁本土化的过程不可避免地参照了中国诉讼制度，且仲裁裁决的执行权归属于法院。因此，仲裁程序正当性、仲裁裁决公平性均受法院的司法监督。当事人适格不仅仅是作为仲裁程序启动之初始，同时又贯穿整个仲裁程序，对仲裁程序的正当性、裁决的公正性都有着重大影响。但仲裁程序中的当事人适格与诉讼程序中的当事人适格所涵摄的内容并非包含与被包含的关系。在私益诉讼中，法院采用自上而下的垂直型判断标准来判断当事人适格，其基本运行的逻辑是从实体法到程序法的概念套用和范畴蜕变。[②]当私益纠纷启动仲裁程序时，除了进行

---

① 《民事诉讼法》第194条第1款规定：“申请认定公民无民事行为能力或者限制民事行为能力，由利害关系人或者有关组织向该公民住所地基层人民法院提出。”

② 参见汤维建：《当事人适格的判断机制》，载《法律适用》2021年第7期。

上述判断外，还需平行判断当事人之间是否存在仲裁协议以及仲裁协议的效力。案件在受理之初，已经对“是否存在仲裁协议”作出了相应的判断，只有存在仲裁协议的纠纷，才能通过仲裁的方式解决争议。而对于仲裁协议的效力，立案部门在受理时，能提示当事人明显不符合《仲裁法》规定的情形，但对于存疑的情形，并无法作出实质判断。随着仲裁程序的进行，对案件的审查逐渐由形式审查演化为实质审查，层层递进。仲裁庭对于仲裁协议效力的审查，不宜一刀切地适用《仲裁法》第17条的规定，而应该根据案件的不同情况进行相应的分析，从而作出恰当的判断。

《仲裁法》并未规定法定代理人代理非完全行为能力人签订的仲裁协议的效力，以及法定代理人是否可以追认仲裁协议的效力。笔者认为，对于无民事行为能力人签订的仲裁协议，作为特别法的《仲裁法》与作为一般法的《民法典》规定是一致的，无民事行为能力人的法定代理人代理签订的仲裁协议有效。对于限制民事行为能力人签订的仲裁协议，若依据一般法《民法典》则为效力待定的协议，但《仲裁法》作为特别法直接规定为无效，故特别法有规定的应当适用特别法。此时，似乎并无法定代理人“代理”的空间。但囿于复杂的现实情况，实践中，限制民事行为能力人签订的民事合同由于需要履行合同的付款义务故鲜有其法定代理人不知情的，反而往往是限制民事行为能力人在法定代理人的指引下签订合同，如前文所提及的教育培训合同，家长在为未成年孩子报培训班时，有时是陪同签订，有时是直接支付费用。因此，“代理”行为的认定不应当仅局限于“签字”这一种客观形式，而应当综合考量。

综上，仲裁实践中，法定代理人代理非完全行为能力人实施民事法律行为的认定不宜过于死板，“代理”行为不仅仅只表现为“签字”，也可以是有证据表明法定代理人以默示或履行合同部分义务等方式。其支付款项、主动提起仲裁申请等行为均有认定为“代理”行为的空间，如此，仲裁协议则存在有效的空间。故在一个仲裁程序中，仲裁庭若发现仲裁协议签订的一方当事人为非完全行为能力人时，不宜一刀切地认定仲裁协议无效，从而驳回仲裁请求。

四、结论

非完全行为能力人的仲裁案件呈现喷涌式增长，与一般的仲裁案件不同，涉及非完全行为能力人的仲裁案件需要着重关注其仲裁权利能力、仲裁行为能力、法定代理人的代理行为的效力，以及仲裁的基石——仲裁协议的效力问题。

一方面，非完全行为能力人具有仲裁权利能力，不过基于合同签订的复杂性，其法定代理人在特殊情况下也可成为案件当事人。非完全行为能力人具有仲裁权利能力，可作为仲裁案中的“申请人”或者“被申请人”。实践中，非完全行为能力人的法定代理人往往会参与到合同签订中，法定代理人不同的参与形式，可能意味着不同的法律逻辑。一是法定代理人代理非完全民事行为人实施的法律行为；二是法定代理人以自己的名义与相对方签订的向第三人履行的合同。不同的法律逻辑背后意味着不同的仲裁策略。因此，涉及非完全行为能力人的合同，当事人并不一定就是非完全行为能力人和相对方，其法定代理人在特殊情况下也可成为案件当事人。当然，无论是哪种情形，均需要遵循合同相对性原则，仲裁协议不可随意扩张。基于仲裁成本的考虑，大多数仲裁机构在受理案件时，如发现当事人为非完全行为能力人，仲裁协议有无效的可能性时，会向当事人进行充分释明，必要时建议当事人根据合同约定直接向法院起诉或者去法院确认仲裁协议的效力，如果当事人坚持立案，亦会提醒当事人关注自身的行为能力问题对案件可能带来的风险。

另一方面，非完全行为能力人虽具有仲裁权利能力，但其仲裁行为能力存在瑕疵，不能亲自实施仲裁行为，应当由其法定代理人代为实施。在案件未出现任何会使当事人行为能力存疑的情形时，应当推定当事人具有仲裁行为能力；但如果是在仲裁案件进行过程中，出现了当事人行为能力存疑且对案件审理造成重大影响的情形，仲裁庭首先须判断是否已有有关机关对当事人行为能力认定的证据，从而在程序上和实体上对案件作出相应的处理。在没有法院裁定的情况下，仲裁程序不宜再推进，仲裁庭可以建议当事人向相关法院申请认定公民无民事行为能力或者限制民事行为能力的程序，待法院对当事人行为能力作出认定后，仲裁庭再对仲裁程序作出相应的安排。若相关生效法律文书表明当事人为非完全行为能力人，则需要进一步判断其成为非完全行为能力人的时间节点，若签订仲裁协议时其为完全民事行为能力人，则仲裁庭在程序上需要征询其法定代理人的意见，是否追认已进行的仲裁程序，从而对案件作出继续仲裁程序、撤案等不同的处理；若签订仲裁协议时其为非完全行为能力人，仲裁庭除从程序上对案件进行处理外，还需要额外关注仲裁协议的效力，结合案件的实际情况，具体分析，作出恰当的判断。

非完全行为能力人的仲裁程序问题具有复杂性、隐蔽性。对于仲裁机构和仲裁庭而言，应当高度关注仲裁案件中当事人行为能力问题，对涉及非完全行为能力人的仲裁权利能力、仲裁行为能力等问题作出妥善处理，保证裁决的公正性、公平性。

征稿启事

《北京仲裁》由北京仲裁委员会/北京国际仲裁中心主办，主要刊登中外仲裁、调解、工程评审等与多元化纠纷解决机制相关的民商事理论性、实践性的论文或者介绍性文章以及符合前述范围的翻译文章。本出版物每年出版四辑，下设“主题研讨”“专论”“仲裁讲坛”“比较研究”“ADR专栏”“案例评析”“办案札记”等栏目。

编辑部热诚欢迎广大读者投稿，投稿前请仔细阅读以下注意事项：

1. 来稿应符合本出版物网站（www.bjac.org.cn /magazine/）的投稿要求及注释体例，并按要求写明作者信息、中英文题目、内容摘要、关键词等信息。

2. 来稿应严格遵守学术规范，如出现抄袭、剽窃等侵犯知识产权的情况，由作者自负责任。

3. 为扩大本出版物及作者信息交流渠道，本出版物已经委托博看网数字发行，并已被CNKI中国期刊全文数据库收录。凡向本出版物投稿的稿件，即视作作者同意独家授权出版其作品，包括但不限于纸质图书出版权、电子版信息网络传播权、无线增值业务权等权利，授予本出版物授予合作单位再使用、授予相关数据库收录之权利，作者前述相关的著作权使用费将由编辑部在稿酬内一次性给付。若作者不同意前述授权的，请在来稿时书面声明，以便做适当处理；作者未书面声明的，视为同意编辑部的前述安排。

4. 投稿方式：请采用电子版形式，发送至电子邮箱 bjzhongcai@bjac.org.cn。如在两个月内未发出用稿或备用通知，请作者自行处理。

5. 所有来稿一经采用，即奉稿酬（400元/千字，特约稿件500元/千字）。

《北京仲裁》编辑部

图书在版编目 (CIP) 数据

北京仲裁 . 第 120 辑 / 北京仲裁委员会（北京国际仲裁中心）组编 . —北京：中国法制出版社，2023.1
ISBN 978-7-5216-3243-9

Ⅰ . ①北… Ⅱ . ①北… Ⅲ . ①仲裁—研究—丛刊 Ⅳ . ① D915.704-55

中国国家版本馆 CIP 数据核字（2023）第 015945 号

策划编辑：马 颖
责任编辑：侯 鹏 封面设计：李 宁

北京仲裁（第 120 辑）
BEIJING ZHONGCAI（DI 120 JI）
组编 / 北京仲裁委员会（北京国际仲裁中心）
经销 / 新华书店
印刷 / 河北鑫兆源印刷有限公司
开本 / 787 毫米 ×960 毫米 16 开 印张 / 11.25 字数 / 183 千
版次 / 2023 年 1 月第 1 版 2023 年 1 月第 1 次印刷

中国法制出版社出版
书号 ISBN 978-7-5216-3243-9 定价：39.00 元

北京市西城区西便门西里甲 16 号西便门办公区
邮政编码 100053 传真：010-63141852
网址：http://www.zgfzs.com **编辑部电话：010-63141826**
市场营销部电话：010-63141612 **印务部电话：010-63141606**
（如有印装质量问题，请与本社印务部联系。）